ぐっちーさんの本当は凄い日本経済入門

山口正洋
投資銀行家

東洋経済新報社

まえがき

私は2005年ごろからブログにて様々な経済動向を分析、発表し始めました。当時、すでにウォールストリートでの経験は約20年というところで、実務家が発信するということ自体が稀ではあったのですが、ブログの発明（?）によりそれが可能となりました。

ブログを書き始めた理由は、なぜメディア（特に大手経済紙）はウソといい加減なことばかり書くのだろう、という疑問がずっとあったからです。マーケットにいるものなら知っていて当たり前の情報が出てこないし、またいろいろな解説を見ると基本的知識すら理解されていないことに相当の不満を持っていました。

一方で貯蓄から投資へという動きを政府、メディアが声高に叫び、投資は自己責任であるということを広く喧伝しているのに、一番頼りにならねばならぬはずの情報源である大手経済紙などのメディアがこんないい加減な内容を発信するようでは、個人投資家は「ネギをしょったカモ」どころか、「味噌とお椀まで一緒に持って歩いている」ようなもので、証券会社や銀行のいいカモにされるに決まっています。

私はずっと外資系証券におりましたから、彼らがどれだけひどい商品を日本で投資家に売りつけているのかも目の当たりにしていましたし、事実、責任者としてこれは販売責任が取れない、と言ったところクビにされた経験までありますので、これはもう、尋常ならざる事態だと考えた訳です。

ブログで書き始めると発見がたくさんありました。何より読者の方からダイレクトにフィードバックが来るというのが特筆すべき点で、そのやり取りやご質問に答える形で、2005年当時から、我々プロの間ではすでに問題になっていた証券化商品（CDO）、その中でもサブプライムのような不良債権がミンチ状にして組み込まれているもの――ミンチ状に分散されているがために倒産確率が低いと判定され、ムーディーズ、スタンダード&プアーズなどから債券部分についてはAAAの格付けを獲得していた――が日本に大量に出回っていること、それらは極めて割高に（つまり利益を過剰に上乗せされて）売られており、いざ流動性が無くなったら間違いなく急落すること、その場合それらの販売在庫を抱えているいくつかのアメリカの投資銀行が資金調達に苦しんで経営危機に陥る可能性があること、これらの債券の大量保有者は主に欧州の銀行であり、もしこれらの商品が価値下落を起こせば欧州の銀行全体に倒産危機が起き、ひいては国家の信用リスクを喪失するであろうこと等々……、すべてブログで書いていたのです。

結局これらはすべて、その危惧の通りになりました。投資銀行の一角を占めたリーマン・ブラザーズ、ベアー・スターンズが倒産し、歴史上に「リーマンショック」という社名を冠した有り難くない名称をとどめ、挙句の果てに日本の総合商社と並んで、アメリカの独自のビジネスモデルとされた投資銀行であるモルガン・スタンレー、ゴールドマン・サックスまでが資本不足に陥り、ただの銀行としてＦＲＢの傘下に入ってしまいました。これにより、これまでのアメリカ資本主義のモデルそのものが崩壊したのです。

更に欧州危機は今まさに継続しており、一体いつになったら収束するのか、見当もつきません。自慢する訳ではありませんが、これらの話は私にしてみればすべて当たり前に「わかっていたこと」であり、それは公開している私のブログの過去のログを見て頂ければウソではないことがおわかり頂けると思います。

ただ、私はここで自慢話をしたいのではなく、どうしてメディアはこんな簡単なことを一般の投資家の方にお知らせできないのか⁇　という大いなる疑問がある訳です。

一言で言えばメディアの勉強不足なのですが、何せ、メディア上で様々な経済動向を解説しているのは証券会社や投信会社などの金融会社であり、そうなるとそれらをスポンサーとするメディアが一般投資家を相手に商売しながら真実の情報発信をすること自体に、そもそも無理があるとしか言いようがないのです。

こうしてみると、命の次に大事なお金を自己責任のもとに管理せねばならない個人投資家というのは、考えようによっては「猛獣のいる檻の中に入った羊」のような状態だと言えるでしょう。本書はそういった「情報弱者」の人々のために書かれた本だと考えて頂いて結構です。本書で書いていることはほとんどが過去形なのですが、その思考回路、アプローチ、論理構築などは今後出てくる新しい経済事象にも必ず通用すると確信しております。

この文章を書いている2013年2月、自民党安倍総裁が首相に復活し、巷ではメディアが勝手に「アベノミクス」などと名前をつけてはしゃいでいます。

しかし、冷静にその政策内容を見て頂ければ、インフレ目標自体も同じく1990年代からたびたび取り上げられてきた政策ですし、公共投資による財政出動など1990年代からさんざん議論されてきたものです。事実、自民党の政策要綱にはすべて載っている内容であり、たとえ谷垣前総裁がそのまま首相になっていたとしても何ら変わることのないものであり、アベノミクスなど蜃気楼にしか過ぎないことは誰にでもすぐわかります。しかし、メディアの「悪乗り」に乗せられて株式投資などに前のめりになる方がいるとすると……これは大いにメディアの責任でありますが、しかし一方で、自分の頭でしっかり考えさえすれば避けられる事態でもありましょう。

一方、金融危機でさんざん苦しんだアメリカはすでにその金融大国の看板を下ろしつつあります。アメリカ産業の主役がマネーゲームに明け暮れたウォールストリートから実体経済そのものに移りつつあるのです。一見、長らく沈んでいたように見えるアメリカ経済はその新たな産業に対する投資を怠ることなく行ってきたお陰で、マイクロソフト、アップルのような新規企業に加え、ついにシェールガス開発が現実のものになりつつあり、本書でも触れますように2020年には原油輸出国になるかもしれない、という全く予想もしなかった状況になりつつあります。これこそアメリカの底力で、どんな困難な状況にあっても未来を見据えて走り続けるアメリカ合衆国の真骨頂です。

そして、これらの恩恵を一身に受けるのが実は他ならぬ日本なのです。外貨準備高では中国の後塵を拝していますが、アメリカ国債保有高Ｎｏ．１は他ならぬ日本です。アメリカに対する投資も欧州全体に匹敵する金額を日本が担っているのです。

何より戦後60年余培ってきた日米企業の信頼感は中国企業など足元にも及ぶものではなく、アメリカの新たな産業発展の恩恵に最も与《あずか》るのはどうみても日本なのです。

唯一問題点があるとすると、アメリカと共に新たな産業を見つけ出していかねばならぬ日本が、30年前からやっている公共投資などに資金を投入するという時代錯誤ともいえる安倍新政権の政策そのものでしょう。

また、日銀は政策決定会合でインフレ目標を２％に掲げましたが、その全責務を日銀が負うような議論が出て、その線に沿うような形で日銀法改正など、とんでもない方向に政策が向いていった時も問題が生じるでしょう。

この時は日本円及び日本の信用が著しく傷つけられるので、日本円が暴落することになります。その場合は「日本脱出」以外、手はありません。そうなれば安倍首相は「戦後最低の首相」の名をほしいままにすることができるでしょうが、自民党の諸氏がそこまで「劣悪」だとは正直私は思っていません。

そういう訳で、いずれにせよ、膨大な情報の海を泳いで渡らねば、企業経営も、中間管理職としての判断も、まして個人投資家の方の投資判断などできようがありません。ここは何が何でも泳ぎ切らねばならないのです。

そこで特に、今後起きてくるだろう資本主義の変化や大きな流れについても本書では言及しておきました。これは昨年あたりからアメリカで言われ始めた話ですが、おそらくここ5年間程度は経済活動の基調をなすものと確信します。

ぜひ本書を存分に活用され、皆様の明るい未来に多少のお役に立てることを切に願っております。

最後に、前著と同じく本書は、私の有料メルマガの原稿及び講演の内容を厳選・大幅加筆したうえ、今回は新規書き下ろしを加えたものとなっております（各項目の末尾には発行時の年月日が入っております）。ご賞味頂けますと幸いです。

目次

第1章 アメリカ経済編

ああアメリカ！ 復活の日は近いか？

第4章 投資編 為替、株式投資の仕組みとノウハウを伝授

第6章❖日本経済編②

「日本が崩壊する?」そんなデマを信じちゃいけない!

装丁▼石間淳　本文DTP▼寺田祐司

プロローグ

ぐっちー流最新経済学入門

世界経済はどこへ行くのか？

マイクロソフトが生まれたのが１９７５年。ついこの前ですね。

そして大いに拡大し今に至る――マイクロソフトで5年働けば１００万ドルたまるという伝説は今でも健在です。

インテル、アップルしかりですが、つい最近に生まれたＩＴ企業が今やアメリカを支える主要産業になっているのです。彼らが次々と上場を果たし全盛を誇った90年代には彼ら及びその周辺の企業の納税のお陰でアメリカの財政赤字が無くなってしまった……ほどのすさまじいインパクトがあったのです。まさに第二の産業革命と呼ぶにふさわしい出来事でした。彼らの資金繰りを支えたベンチャーファンドやそれに続くウォールストリートのファイナンス力も抜群だったので、資金繰りに困ることもなく、順調に成長をすることができたのです。

今やアップルの時価総額が、これまで何十年もＮｏ．１だったエクソンモービルを凌駕したという訳ですから、これらは新たな産業革命と呼んでも差し支えありませんね。

彼らが出てきた当初、ＩＴ革命、インターネット革命とか言ったところで、それを本気にしていた人がどれだけいたのかわかりませんが、今や本当にとんでもない世の中がやってきた訳です。我々の生活から、コンピューター、ネットを排除して生活するのはもはや不可能です。これらの技術無しには車すら動かないのです。

今我々はその第二の産業革命の延長線上にいると申し上げて良いでしょう。

そうなると次の時代、更なる新たな産業革命とは一体何なのか、という疑問をお持ちになると思います。金融の最前線にいますとやはり最先端の投資案件が飛び込んでくるのでなんとなく次のビジネスのヒントになるようなものが出てくることが多く、手前味噌ですが、私がリーマンショックや欧州崩壊を予言できたのも偶然ではないと思います。お金が集まるところに何かが起きるのです。

そういう文脈で見た場合、世界の資本主義はこれから一体どうなるのか？　次はどういう時代になるのかということを考えてみたいと思います。

ということでずばり、今後の資本主義の行方は如何に⁉　というテーマをまず取り上げたいと思います。

貨幣量を増やしても需要がなければ物価は上がらない

今先進国における基幹産業と思われている鉄鋼、自動車、家電製品などの大型工業は実はすでに十分すぎる供給能力を持っています。中国やインドがこれから大きな消費市場として成長するのは確かですが、すでに彼ら自体も膨大な生産設備を有しており、世界的に大量生産の体制は整っており、ここから新たに莫大な設備投資や価値創造が生み出され続けるとは考えにくい。更に言えばすでにあちこちでその現象が観察できるように、先進国がそれらの産業を独占できる時代は終わり、過去に日本がそうだったように、それらの生産の主力は中国やインドなどに取って代わられることになるでしょう。これらに対し、ＩＴ化がなされ、その効率は過去に例がないくらいに高まり、中国にしてもインドにしても伝統的経済学的発展のプロセスを経ることなく、ダイレクトにそれらの最新鋭設備を手にすることになりました。これは有り余った世界の余剰資本が投入されることで初めて可能になったことで、資本の内部蓄積の無いところに突然落下傘のように近代工業設備が現れるという、極めて近代的な現象と申し上げて良いと思います。

日本のバブル崩壊以降、日本銀行が世界に先駆けてゼロ金利政策を導入、その後、リーマンショック、欧州危機が続き、世界中の中央銀行が足元の短期金利をゼロに誘導しました。投入したマネーベースは自国のＧＤＰをはるかに超えるような金額です。

近代経済学では、金利が低下すればその安い金利を使って投資をする企業が生まれるのでそこから経済は盛り返し、インフレに向かい、再び金利が上昇すると考えていました。いわゆるＩＳ－ＬＭ曲線の理論です。

しかし実際には違いました。

世界中の中央銀行が金利をゼロにしても、ちっとも投資が出てこない。安い金利を使って借金をして消費をしよう、投資をしよう、という人が現れないのです。あったとしても先程のような開発途上国向けで、それは安い労働力を目指して、いわば工業植民地のような形で発展するためのもので、それらの投資が先進国そのものに向かうことはまれでした。

なぜ、これだけ金利が低いのに先進国に新たな投資が生まれないのか……。

これは近代経済学にとってはかなり難問でしたが、我々現場（市場）にいる人間にしてみると実に簡単で、金利がどんなに安くなろうと需要の見込めない設備投資はできない――という極めてシンプルな発想にしかすぎません。企業経営者は金利を見て経営をしている訳ではない。あくまで最終需要を見て経営をしている訳です。

経済学の教科書にあるように、リンゴ10個があれば余ってしまうので、そうなれば何が何でもリンゴ1個とオレンジ1個を必ず交換するだろう、というその単純化したモデルこそ浅はかと言えば浅はかなのですが、現実に計算違いが起きてしまったのです。リンゴを100個持っていてもオレンジなんかと交換したくない、という経営者や消費者が出現したのです。

これに関して更に金融緩和を日銀に強制する、というような政権ができそうなので、あえて言及しておきますと……。

経済学ではこれはアービング・フィッシャーの貨幣数量方程式と呼ばれる方程式で定義される問題なのです。数式を見るといやになるかもしれませんが、これは直感的に理解できるはずです。

つまり

M（貨幣供給量）×V（流通速度）＝P（物価水準）×T（取引量）

と定義され、これは限りなく

＝GDP

となるのです。

つまり、今日本政府が日銀に対してやろうとしていることはこれまでさんざん増やしてきたMを更に増加させ、Pを上げよう、ということを日銀にコミットさせるという訳ですね。

しかし、V、つまりどれだけ金を借りたり、消費したりするかを決めたり、その物価水準でどれだけ消費するかというT（こんなに高いものは食べないぞ、という判断）のいずれも、それは日銀には決められず、我々国民一人一人が決めるという重大な問題です。

更に言えばこれは足し算ではなく掛け算ですから、もし、VやTに1を満たさない数字、例えば0・9や0・8という数字がはいるなら、日銀が供給した貨幣量も、無理やり上げた物価指数もその90％や80％に減少されてしまう、まして、これがゼロになれば……日銀の通貨供給努力がすべてゼロ!!　になって、水泡に帰す可能性すらあるのです。

これは経済学の基本中の基本なのですが、これをわかっていないとすると大変なことなのです。

有り余る供給力の一方で、世界中で需要の極小化現象が起きている――●

海外に目を転じてみても……

中国を筆頭に圧倒的な供給力を有した世界経済は完全に供給過多となってしまい新たな需要がどこにあるのか、実際に本当にあるのか、海のものとも山のものともわからない事態となってしまっています。

需要面に焦点を当ててみると、いわゆる大型需要――車、冷蔵庫、テレビ……昔は大変な価格でした――の不在が大きな問題です。それらは１９６０年代にはサラリーマンの給料にすれば６カ月分くらいの価格だったのです。高度成長期には日本でも「いつかはクラウンに乗りたい」とか言っていたんですが、それ自体今や大した値段ではありませんし、そもそも欲しい人がいなくなってしまった。今の若者は車なんて見向きもしませんし、欲しいものと言えばせいぜい５万円のｉＰｈｏｎｅですよ。車に換算して60台分を稼ぎ出すとなると、これをカバーするには大変な量のスマートフォンを売らねばなりませんが、これに見合った供給能力を十二分に有している現在の市場ではこれだけの需要が出てくるとあっという間に生産がそれを凌駕し、価格がどんどん下がってきてしまう。

つまり……

有り余る供給力の存在の一方で、世界中で需要の極小化という現象が起きており、これが最近の経済用語で「Minization」と言われている現象です。

鉄鋼、半導体から電気製品に至るまで大量の供給能力を持つ一方、需要サイドは新製品も含めてどんどん極小化し、供給能力が過剰なためにあっという間に価格破壊が起こるのです（最近の日本におけるプラズマテレビなどの大画面テレビを見よ）。このままではあらゆる工業製品の供給過剰が永遠に続くことを意味しており、昔のマクロ理論通りに価格が下がったからといってその分需要が回復し、需給がタイトになることにはなりません。皆様直感的におわかりになるように、価格が下がることはその商品自体の陳腐化を招くことに他ならないのです。

実際パナソニックやシャープはテレビという製品に対する読みを間違って、この罠にはまってしまいました。消費者のニーズが多様化している今日、高級テレビへのニーズを追い求めたものの、圧倒的な供給力を有する韓国、中国があっという間に追いついてきて、価格破壊を起こし、消費者のニーズそのものがテレビに向かわなくなってしまった――という悲しい結末ですね。

要するにこの先、新たなマイクロソフト、インテルが現れるまでは新規需要が爆発的に増えることはもうないと考えた方がいい。

更にいくら先進国が様々な経営理論を駆使して供給を絞ろうにもエマージング諸国、中国などアジア各国が勝手に死ぬほど供給してきますからそんな努力は水の泡なのです。

需要の極小化と供給過大の状況下で生まれてくる投資は当然同じように「小さく」なります。特にＩＴの進歩は当初、これほどまでにホワイトカラーの仕事を奪うことになるとは予想されませんでした。しかしこれは一方で労働市場を大きく揺るがすことになるのです。

経理処理などが良い例ですが、エクセルが登場する前は一枚一枚伝票を起こし、それをまとめていき、最後に計算に間違いが無いように何人もの社員が徹夜して電卓をたたくという人海戦術で決算をまとめていましたが、今はどうでしょう？

私がいた1980年代の丸紅の例ですと、全体を統括する経理部だけでは間に合わず、部門ごとにそれぞれ独立した経理部門を置き、そこに100人近い人間を抱えて日夜集計作業を続け、最後に決算をまとめるという仕組みでした（例えば機械部門だけを集めた機械経理部、食料部門だけを集めた食料経理部等々、部門ごとに勘定科目が異なるのでそれぞれの専門経理部隊がくっついていた訳です。当時は営業経理と呼ばれていました）。

しかし今はどうでしょう。

営業部門の人間が難しい勘定科目を覚えなくても、製品名をエクセルにインプットすればたちどころに伝票が出来上がり、そういった部門経理部を通さずとも、ダイレクトに本部の経理部門がエクセルで寸分の間違いもない係数を把握できる。

決算処理などある種、ボタン一つ押せばOK、という状態ですから、この過程だけ見ても何百人ものホワイトカラーが用済みとなったのです。

余談ですが、こういう計数管理に携わっていた短大卒や商業高校卒業の社員は必要性そのものがなくなってしまい、結局短期大学そのものの存在が難しくなってしまいました。エクセルが世の中そのものを変えてしまった訳ですが、これだけでも膨大な「失業者」が出た訳です。

また、私がいた証券業界はこの10年で就業者人口が6分の1になったと言われていますが、これも全く同じ現象です。

例えば東京証券取引所には何万人という「場立ち」と言われる人々がいて、実際に売買を取り次いでいました。今はすべてコンピューターで処理していますから、そもそも取り次ぐ人がいらない。皆様がご自分でパソコンを使ってインプットすれば証券会社さえスルーして直接東証に注文が流れていく訳ですから、証券マンなんていりません。そりゃ、失業する訳です。

そうなると本当に生き残れる人は実際の投資ストラテジーを考えて皆様に提供できるような、本当の「頭脳労働者」だけとなる訳です。相変わらず、金融市場のセンターはニューヨークなので、英語がしゃべれる人間に対するニーズは落ちていませんが、それはあまりにも酷い翻訳システムのせいであり、誰かが本気で完全な自動翻訳機を作ってしまえばそのうち、彼らも用済みです。

（またまた余談ですが、こういったＩＴ化による失業者の増大は良くないから、ＩＴを導入するのはやめよう、という話になったのを聞いたことがありませんよね。企業が勝ち残るための当然の効率化とメディアは報ずるのです。ところがこと円高による海外生産移転により国内労働市場が空洞化するというと、突然それはだめだ、となるのは不思議ではないですか？　それがだめで円安に誘導する、というのであれば、ＩＴ化によっても国内労働市場は空洞化する訳ですから、ＩＴ化をやめようという議論が出てこないのは実に不思議ですよね。つまり円高によって市場が空洞化するという議論自体が全く根拠のないものなのです）

需要の極小化とIT化によって世界経済は極小化に向かう運命にある――●

ここまで見てくると、今後のビジネスはそういった人々が必要なく、わずか20万円のPCが一台とせいぜいインプットするアルバイト一人で済むとなれば、投資金額も少なくて済み、人件費も少なくて済む――そもそも企業経営そのものに対して金がいらない――ということが容易に想像できますよね。そしてITはますます進化しますから、あらゆるシステムがどんどん安く導入されますのでITに対する投資金額そのものも実は極小化していく運命にあるのです。

これも実例ですが、数年前私のようなブログからの発信を業務にしている人間がそれらを携帯電話でも見られるようにしたり、そこで買い物もしてもらおうと思いますと、ドコモ用、au用、ソフトバンク用と三つの違ったシステムを開発する必要がありました。携帯電話のキャリア別にシステム開発しますと、5年前くらいだと5000万円くらいの投資金額が必要でした。私自身はなんとなく、パソコンがもっとあちこちで簡単につながるようになるのではないか(今のWi－Fiフリーですね)と漠然と予想したものですから、この5000万円はケチった訳です。

そしてこのたった5年の間に実際は何が起きたでしょうか？

そうですよね、スマートフォンのシェアがどんどん広がっていった。

つまり読者の皆様は直接グーグルなどを見て、私のブログにアプローチができるようになってしまいました。今では携帯電話向けの仕様そのものが全くの無駄になってしまい、私は5000万円をどぶに捨てずに済んだ訳ですが、考えてみるとこの投資もそれによる開発にかかわる人手も結局使わなくて済んだ訳ですから、まさに「投資の極小化」です。

もっと言うとこれだけスマートフォンとパソコンが進化してしまうとオフィス自体がいらない可能性もありますね。事実私及び私の周りの連中はオフィスを持っていない。ノマドなんてものが流行ってくるのもまさにこの現象です。日本はおろか、世界中どこにいても仕事ができちゃうぜ、という状況が真面目に生まれてきてしまった。

これは結局オフィス需要の極小化を招き、巡り巡って今度は不動産価格を押し下げる……。今まで見てきたように、新規に会社を立ち上げる場合に絶対必要であったはずの新規投資が何一ついらなくなってしまい、極端な話スマートフォン一つ持って町に出るだけで新規事業ができてしまう。

必要な投資金額はスマホ代だけ、これでは雇用も投資も何も生み出しようがありません。世界中ありとあらゆるところで、同様の現象が起きており、結局今我々はこれらIT革命による「極小化」の過程にあるという認識をする必要があります。世の中のニーズの多様化という需要の極小化と、IT化によっていずれも世界経済は極小化に向かう運命にある。そして一方で膨大な使いきれない供給能力をすでに有してしまっているという構図です（経済学では需要の多様化をロングテールと言っていますが、要するに一つの需要がこれまでのように膨大な需要となって何百万人が欲しがるようなものはもう生まれません、あったとしても、その膨大な供給力のせいであっという間に値段が下がってしまうということだ、と説明しています）。

しかしこれもよく考えてみると、大したお金もいらずに企業を起こす可能性が出てきたということでもあるのです。今まで1000万円なければ起業できなかったような環境が、今や300万円もあればすべてそろってしまう。大企業を出て、ちょっと貯金があれば自分で自由に起業できる環境がある訳ですから、これは逆に大チャンスかもしれないのですよ。

創業者がいなくなった段階でその企業は持続不可能となる

ここまでお話をしてくると相当鮮明に未来の図が見えてきます。

まず、企業レベルで言うと、おそらくですが、ビル・ゲイツが去った後のマイクロソフトがどうなるか、スティーブ・ジョブズ亡き後のアップルがどうなるか、という問題を考える必要があります。日本で言うと孫さんが退いた後のソフトバンクが企業としてサステイナブル（持続可能）なのかどうか、ということですね。

これは結構答えが見えていて、マイクロソフトはすでにその兆候が見えますが、アップルにしてもスマートフォンがいつまで標準であり続けるのか、という問題に直面するでしょう。過去の例からすれば5年後もみんながスマホを持っているとはどう見ても思えない。新しい別のものを持っている可能性はすごく高いですね。

マイクロソフトはすでにＯＳによる独占がグーグルのやっているクラウド化によっていよいよＯＳ自体が必要なくなるかもしれない、という危機的な状況に陥っていると言えるでしょう。

一つの実例は皆様ご存じのＹａｈｏｏ！というプロバイダーに見ることができます。５年前はそれこそ何かを検索するというと必ずＹａｈｏｏ！を使って検索していた時代でした。今でも私のような年代のおじさんはＹａｈｏｏ！を使っていますが、若い世代の方は絶対にないでしょう。何かあれば普通に「ググる」訳です。Ｙａｈｏｏ！という会社は２０００年には時価総額が１０００億ドルありましたが、今の時価総額はわずか２００億ドル。駆け出しのＦＢ（フェイスブック）でさえ４６０億ドル、Ｙａｈｏｏ！に取って代わったグーグルに至っては３０００億ドルにならんとしています。Ｙａｈｏｏ！という会社そのものがわずか10年で無きに等しい状況にまで追い込まれてしまった訳です。

これだけ陳腐化のスピードが速いとなると、結局彼ら、「原典」の商品を作り出した経営者がいなくなった段階でその企業は役割を終え、持続不可能となり、徐々にマーケットから消えていく、ということになるのではないでしょうか。

実は資本主義の原点である、世界最初の株式会社である東インド会社そのものがそもそもそういった存在でした。航海をするぞ、となってその度ごとにその航海のための出資を仰ぐ。中には途中で船が遭難して出資金が無くなってしまう、ということも当然起きました。

一方運良く戻ってきて、高価な絹や胡椒などを持って帰ってきた船は大儲けですので、一航海ごとに株主でその利益を分けて、会社そのものを解散していきました。次の航海ではまた新しい「東インド会社」が作られたという訳ですね。

これと同じようなことがこれから起きると考えるべきです。一航海一会社です。そうすれば妙な内部留保もせずに稼いだ分をすべて従業員と株主に還元すればいい訳ですから、我々は今よりよほど大きなお金をもらうことができるのです。これはマイクロソフトの創業メンバーがどんな仕事をしていても上場時に100万ドル手にすることができて、みなその金を元手に新しいビジネスを始めた——という話を彷彿とさせますね。

これからはそういう時代が来ると見ていいのではないでしょうか。

日本にはサステイナブルな資本と高度な製造技術の両方がある——●

さて、そうなるとその中で日本の位置づけはどう考えればいいでしょうか。

これまでの産業が極小化を余儀なくされ、設備投資も極小化する一方で次の新たなマイクロソフトを生み出すと考えるなら、やはりそこには然るべき投資が必要になるでしょう。「100の失敗、1の成功」というのがベンチャー投資の基本ですから、同じように海のものとも山のものともわからない新規事業に投資し続けられるだけの資本の厚みが必要です。まさに東インド会社の航海を支えたのが産業革命によって余剰資金を抱えた資本家に他ならなかったということを考えると、これは自然な発想です。

そしてどういうものが新規技術として出てくるにしても、製造業の技術が不可欠です。アップルのスティーブ・ジョブズがアイデアを生み出すためにしょっちゅう日本に来ていたのもそのためで、ｉＰｈｏｎｅの部品の50％近くが日本製なのです。要するにアイデアを具体的な形にする能力が何にせよ不可欠だという訳ですね。空気を売る訳にはいかないのですから。

答えをもう書いてしまった訳ですが、つまりサステイナブルな資本と高度な製造技術を両方持っているところが間違いなく勝者なのです。

よく考えてみるとそういう稀有な国が……日本だということになります。

アメリカの連中が結局日本の製造業なしでは何もできない――と言っているのはそういうことですし、実際にｉＰｈｏｎｅはおろかスペースシャトルだって日本の製造技術なしには作れないのです。中国の製造業がどれだけ頑張ったとしても新規技術を生み出していく能力はまだまだ足りません。それこそ新幹線の車輪一つとっても、それは日本の技術がなければできないのです。

ボーイング７８７の素材の50％が日本製、というのも偶然ではありません。もちろんこれらの製造技術はいずれ必ず中国や韓国に取り入れられ、将来的により安いコストでの競争になるのは必然ですが、日本には更にその先を行く技術力とそれを支える強大な資本が健在だ、ということを忘れてはなりません。

幸運なことに、リーマンショックから始まり欧州危機に至るこの5年の間に欧米の金融機関は吹き飛んでしまいました。形は残っているものの、金融機関の健全性の証ともいうべき時価会計すらできない——今の時価で計算すると倒産してしまう——という金融機関がどれほど健全だと言うのでしょうか。

更にこのところ好調だったいわゆるBRICsなどはすべてこういった欧米外資の膨大な投資によって支えられてきましたが、本国がそれどころではなくなり、いわゆる「貸しはがし」の憂き目にあっています。当然投資資金が足りなくなりますから、資金の奪い合いが金利上昇を招き、国内のインフレ率の上昇とともにますます信用力を失い、資金が集まりにくくなる——アルゼンチンは再び倒産の危機にありますし、ブラジルも安閑としてはいられません。

そして実はこれらの状況から全く離れて悠々としているのが今の日本なのです。

日本の弱点はリビングコストが高いこと——●

よく年収250万円で悲惨な生活を送る若者たち——というのが雑誌などで特集されますが、今の為替レートで見ると、これアメリカでは3万ドルなのですよ。

3万ドルというのはアメリカではごく普通の中流階級と言われる人々の年収で、家を買って子供を学校にやって、悠々と暮らせる年収なのですよ。それがなぜか日本では「最下層」のサラリーマンと言われてしまう。私のアメリカ人の友人などは、だったら俺は日本に行ったら最下層だな、などと笑っている訳ですが、事実はそうなのです。

この問題が起きる原因は簡単です。いわゆるミニマムライフを維持するコストが日本は高いのです。例えば日本の若者たちはワンコインランチも買えず250円ランチを食べると言われています。250円と言えばおよそ3ドルですが、アメリカではその範囲で食べられるものがそれこそ無数にあります。これが仮にシンガポールだったら（シンガポールドルで4ドルほどですから）、ホーカーセンターなどで相当うまいものが食べられます。

日本のリビングコストが高い理由はただ一つ……あまりにも余計な規制が多くそれをパスするための役所に対する無駄な書類審査、それにかかわる膨大な労力、人件費がすべてコストに跳ね返っているのです。運転免許が良い例で、なぜ更新の度に読みもしないいくだらない教則本のコストまで払わされるのでしょうか？　あれはあの本を出している警察ＯＢの天下り法人を養うための費用です。

医療関係もそうですね。これは健康保険で払ってしまうので直接的には見えにくいかもしれませんが、日本の薬品や医療機器は世界的に見ても大変高価なのです。それは厚生労働省がいりもしない検査や必要以上の在庫期間を要求してくるためで、それにかかわる人件費やサンプルの保管料はすべて薬品代に乗っかってきます。何から何まで日本が高いのはそういう役所の妙な規制――国民の安全を守るという名目なのだが――をパスするために膨大なコストを要しているからだ、と断言できます。

そしてさらにそれに加えて税金が高い。

これらを取り払えばリビングコストはドラスティックに安くなるはずです。

また、反対する人も多いのでしょうが、ＴＰＰを考えてみましょうか。アメリカにはあれだけ安い農産物がある訳ですから本気で輸入すれば弁当などは劇的に値段を下げることが可能です。それこそ１００円弁当も夢ではありません。

一方日本の農産物も関税ゼロで輸出できますから、これまで輸出できなかったものを大量にアメリカに売ることができる。富裕層の人口は日本よりアメリカの方が多い訳ですから、考えようによってはトヨタ自動車が成功した事例を農業で実現できる可能性だってあるんですよ。決して悪いことばかりではないのです。

これにより国内のリビングコストを大幅に下げることができれば日本の若者が助かるだけでなく、世界中から日本の優秀な労働力を目当てにした企業が集まってくることも夢ではありません。事実シンガポールは法人税の減税と、リビングコストの安さで世界中から企業が殺到しているではありませんか。その結果、シンガポールで失業する人はほとんどいません。つまりシンガポール国民は就職を心配する必要がない訳ですから、国民にとっては何がいいのかどうか、よく考える必要がありますね。

外国企業が日本に進出してきて優秀な日本人を奪い合えば、皆さんの給料なんてすぐ上がってしまいます。ただ、政府が一番それを邪魔しているんですからもう、何も言えませんね。話があちこち行きましたが、そういう意味ではファンダメンタルズとしては日本のポジションは今までになく良いところにあるのです。

日本が次のデファクトスタンダードとなるために必要なこと

次のデファクトスタンダードが何なのか、までは私はわかりませんが、強力な製造力と優秀で勤勉な労働力、そして鋭敏な感覚で最先端をとらえている能力など、これだけ好条件がそろっている国は日本しかないので、日本が次のそれを作り出す可能性は限りなく高い、と私は思っています。

石油危機の時にサウジアラビアのヤマニ石油相という方が、日本の資源確保に奔走されたことがあります。日本はこれで救われる訳ですが、そのヤマニ石油相が

「日本に資源がないと、日本の皆さんはおっしゃるが、日本に資源がないなど、冗談としか思えませんね。これだけの優秀な日本人の存在が何にも勝る資源ではありませんか」

と言って、日本人を感激させた話を思い出します。

人材とは何をもっても代えがたい大変な資源であり、今それを我々は持っているということを忘れてはなりません。

最後に一つ、日本が苦手にしていることをあげておきます。逆に言えばそれを解決すれば他を圧倒できる可能性があるのですが、それが価値観の多様性という問題です。

これは先程の話にも通じることですが、アメリカでよく言われるのが日本の大企業のトップにいる女性の少なさです。トヨタ自動車のボードメンバーはおそらく今でもすべて男性なのではないでしょうか？　パナソニック、その他日本のそうそうたる大企業は未だに男社会。これでは多様な価値観に基づいた柔軟な発想や、次世代の商品開発なんて無理です。人口の半分は女性なんですよ。一体何を考えているのか、と頭を抱えたくなります。人口の半分を占める人たちのニーズを完全に無視している可能性を企業はなんと考えるのでしょうか。私は理解に苦しみます。え、男性にだって女性の要求はよくわかるって??

冗談も休み休み言ってください。皆様ご自分の胸に手をあてて、奥様のお考えになっていること、今一番欲しいもの、今一番やりたいこと、興味のあることなど即答できますか？

言っときますが、自分のカミサンのニーズもよくわからず粗大ごみになっている我々中年男性にそんなもの、わかるはずはありません（笑……もちろん私もそうですよ）。

そして更に言うと、彼らはオールジャパニーズです。

百歩譲ってわが社は女性の役員がいるぞ、とおっしゃる会社があるかもしれませんが、ではアメリカ人女性はどうですか、と伺いたい。

別にドイツ人でもロシア人でも良いのですが、一部上場企業約３６００社中、外国人女性が役員になっている会社なんて、私は皆無ではないかと思いますけどいかがですか?

しかし、アメリカはもちろん、世界的に見てもそれは普通のことなのです。ですから、最近日本の優秀な若い女性たちがアジアを目指すという特集番組をNHKがやっていましたが、要するにそういうことなんです。いくら頑張ったって役員になれない日本の会社で努力するより、さっさとアジアの会社に行って、社長を目指した方がいいに決まってますよね。優秀な人に限ってそういう決断をするもんです。これが本当の「人材の空洞化」なのではないですか?

そして更に技術者も社員もほぼすべて日本人です。これは世界的に見るとかなり異常な世界で、様々な価値観がぶつかり合わないところに進歩はありません。マイクロソフトの本社に行ってみるとわかりますが、それこそありとあらゆる国から人が集まっているので、それぞれの国の人々がやるスポーツグラウンドがすべてそろっています。

野球、ラグビーは当然ですが、インドで盛んなクリケット、それからサッカーやグラウンドホッケーに至るまでどんなマイナースポーツでもその国の人々がリラックスして楽しめるように、会社側が整備しています。

日本の会社ではそんな必要ありませんよね。だってそれだけの外国人がそもそもいない。

最初から日本人だけでやるのが当然だ、と思っているし、万が一アジアの人々を雇ったとしても彼らが我々の価値観に合わせればいいと思っている。クリケットの好きなインドの人にも野球やればいいじゃない、という態度が見え見えなのですよ。これでは優秀なアジアの人はすべて欧米の企業に吸収されてしまいますよ。

女性の問題も含め、様々な国の人々の多様な価値観を受け入れるという点では日本はとんでもない後進国です。このあたりを積極的に変えていかないと日本の未来はありません。

マイクロソフトも、アップルも、様々な国や人種の人々の多様な価値観に基づく切磋琢磨から生まれてきた会社だということを忘れない方が良いと思います。これは本当に大きなこれからの日本の課題で、まさにこれこそ政治が先頭に立って解決するべき問題だろうと思います。今になって更に余計な規制を作っている場合ではありません。

これからの日本の国の形

2012年は久しぶりに年間を通して貿易赤字になりそうな気配です。

これをもって日本はもう終わりだ、どんどん競争力をなくして世界から落伍していくという悲観論が相変わらず激しくなる訳ですが、全く何を見ているのか。

現実を知らない学者やエコノミストたちの話を信じるのはもうやめにして、我々のようにウォールストリートの最先端で這い回っている奴の話もたまには聞いてください。これはとりもなおさず、ウォーレン・バフェットやジョージ・ソロスが何を考えているのか、という話に直結するんですから！

一つ目は貿易赤字の原因が震災後の原発の停止による化石燃料の輸入増大による、という極めて明確なものであることです。

このまま行くと輸入70兆円、輸出60兆~65兆円くらいで落ち着くと見られ、おそらく原因が原因なのでこの傾向は数年続くものと思われます。原子力発電をやめるにあたってはこれだけのコストがかかる、ということを認識する必要があります（もちろんそれでも良いという結論は大いにありです）。

これでなぜ日本がだめだ、と言い出すのか私には全く理解できない訳ですが、日本の輸出はリーマンショック、震災、そして円高と三つのショックにたたきつけられてもなおまだ60兆円にまでも!! 回復してきた、と見ねばならないのです。バブルのピークでさえ日本の輸出はせいぜい40兆円ですよ。リーマンショックの直前ですらせいぜい80兆円くらい行くか行かないか、それがここまで3年で戻ってくるんですから、世界中は羨望の眼差しなんですよ。それのどこがだめなんでしょうか。全く理解に苦しみます。海外の実業家と話をしたことがないんでしょうが、あまりにもミスリーディングです。

例えばフランスやイタリアはずいぶん長い間貿易赤字ですが、その結果彼らは貧乏人になり下がりましたか？ とんでもない悲惨な生活をしていますか？

それは財政から見れば日本よりはるかに苦しいのは事実ですが、未だに皆さんがパリにあこがれて旅行をするのはなぜですか？

それは長い期間に蓄えた富があるからです。

そして日本も今まさにそういう成熟した資本主義国になりかけていると言えるかもしれません。

つまり、貿易収支で約5兆円の赤字が出ても所得収支――つまりこれまでの日本が海外に投資をしたり、工場を作ったりしてそこから上がりを得ている部分が、年間で14兆円、ＧＤＰの３％もあるのですね。その結果、企業決算と同じように経常収支では大黒字、世界一の黒字国なのです。これでも日本はもうだめだと言うつもりなんでしょうかね……。

お金は製造業で稼がなければならない、なんてルールはないんです。ありとあらゆる方法で稼いでその結果黒字になればよろしい――皆様の企業経営と一緒ですよね。なのにどうも日本は貿易収支が黒字にならないと気に入らない人が多いのです（笑）。黙って寝転がっているだけで14兆円もお金が入ってくる国なんて世界中に日本しかないんですから、もういい加減にそうやって自分をいじめるのをやめましょう。

いずれ、高付加価値の工業製品が出ていくので貿易収支も黒字になるとは思いますが、確かに日本が産業構造の転換点にあることは間違いありませんね。長い目で見れば先進国がみな歩んできた道筋なのですから驚くことはないのです。通常ですと輸出の急激な減少を伴うのですが、やはり日本はコア技術が強く、これでもリーマンショックの前数年の水準まで輸出が戻ってくるのですから、それは逆にたいしたもんでしょう。

いずれにしても日本経済はだんだん投資で稼ぐ国になりつつあることは間違いありませんが、

それが悪いことだという発想を捨てるべきであります。こんなにいいことはないんですから。

実際に今のアメリカがそうですが、今後は海外に進出した日本企業からの輸入品が増えることになり、この輸入増大の傾向は化石燃料の問題が片付いてからも、結構続くかもしれません。トヨタの車を買ったつもりでも、それはトヨタアメリカというアメリカの会社の車を買っていることになったり、日本製品を買ったつもりでも海外からの輸入製品を買うことになる可能性は高いのです。

それをノーと言うのであれば何も進歩はないのです。海外に出ている製品は海外でも生産できる程度の品物であると割り切って、日本からはそれ以上に価値のある製品を輸出すればいいことなのです。

これだけ日本が貿易黒字を誇ってきた過去30年、日本が一度も貿易黒字を出したことの無い国があるのですよ。わかりますか?

そう、フランスですね。

フランスは、家電なんてとっくに輸出していません。

しかし、エルメス、ルイ・ヴィトン、ワインからフォアグラに至るまで徹底して高級品を輸出してくるために日本はフランスにだけは貿易黒字にならないのですよ。それが別に高度な機械製品だったり半導体だったりする訳ではない点が注目です。

そういう面で見れば競争力のあるものは日本にはいくらでもありますよね……なぜそういうも

のを本気で輸出しようと思わないのか、そちらの方が疑問になります。別にテレビが売れなくなろうともあまり日本全体には影響がないんですよ、そもそもは。

ただ、そういう家電メーカーなどの大手企業は新聞などのメディアの大きなお得意さんなので、メディアがそういう切り口でしか物を書かないことの方が問題で、それを鵜呑みにしてはなりません。

私が仕事をしている岩手の南部鉄瓶などは本当に素晴らしいクオリティーで、一部の国にはすでに輸出されているようですが、まだまだ開拓する余地がありそうです。

さきに申し上げたように、大量生産で大量に売り上げを起こして利益を上げるビジネスモデル自体がすでに破綻しているのです。少量でもいいから本当に価値のあるものを作って、それがわかる人にだけ販売する、うまくいけばそれを持っていることがステータスだと信じてもらえるようにする――エルメスやヴィトンのマーケティングにこそ参考になることがたくさんあるのではないでしょうか。

要するに付加価値をどこに見出して売り込むのか、というレベルに日本の資本主義はすでに到達しているのです。安く大量生産をすることで今更売り上げを韓国や中国と競っている場合ではないのです。

（書き下ろし）

第1章

アメリカ経済編

ああアメリカ！
復活の日は近いか？

2013年のアメリカ経済はこうなる!

●バーナンキの決断の意図とは

2012年9月に、バーナンキ米連邦準備制度理事会（FRB）議長は初めて、アメリカ経済の状態が自身の目標に近いところに達するまで債券購入を続けると表明し、失業との闘いを、インフレに関するいかなる懸念よりも優先することを明らかにしました。QE3（量的金融緩和政策の第3弾）発動の可能性を示唆した訳です。

この決断は、アメリカでも賛否両論があり、意見はほぼ真っ二つに割れています。

賛成派の評価は「よく決断した。これをやらないとアメリカ経済はこのまま失速する」というもの。ポール・クルーグマンはこちらのタイプです。

一方、反対派は「連銀のバランスシートを更に悪化させる。バランスシート上もトラブルを起こす原因になりかねない。ランドスケールの改良を行って、連銀の信用が果たして保てるのか」と主張しています。この論点は2013年中ずっと語られるテーマでしょう。ここをどう見極めるかは非常に重要です。

なぜ、バーナンキがこの決断をせざるを得なかったのか。私のメルマガのある読者の方からは、

「なぜ連銀がわざわざ失業者にこだわる必要があるのか」という質問をいただきましたが、これは大変鋭いポイントを突いています。

そもそも日本銀行の政策目標の中に、失業率などという数字は入ってきません。中央銀行の仕事というのは、その国の通貨の価値を守ることにあり、それ以上でも以下でもない。失業者へのこだわりは、通貨価値を守るという本来の業務から相当逸脱しています。

逸脱するほどアメリカ経済が悪いのかと言えば、失業率8％はそう高くはない。じゃあ、一方でアメリカ経済の現状はそんなに悪くはないのか。まずこのへんから問うていかないと、今回の彼の決断の理由がよくわからない訳です。

●株価だけを見る限り、アメリカ経済はそう悪くない

ヤフーファイナンスを見ると、リーマンショックがあった後、株価がどうなったかということは明らかです。

47ページの図①からわかるように、ダウもS&P500も、リーマンショック前まで戻っています。QE3発言で、すぐにまた暴騰しました。しかし、これだけ戻っているのに、オバマ大統領の経済政策は失敗したと言われます。

実を言うと、私はオバマ大統領の経済政策は全く失敗していないと考えています。彼が大統領でなかったら多分GMもフォードも飛んでいたんじゃないでしょうか。彼だから運営できたとい

う面は否定できません。

図①の一番上の線がナスダック（ＮＡＳＤＡＱ）です。これだけずば抜けて高いのがわかるでしょうか。この線が高い理由はアップルです。ナスダックにおけるアップルの貢献度は非常に高く、ｉＰｈｏｎｅのお陰でナスダックはここまで来ることができました。その代わりに、ナスダックの中で価値がなくなった、倒産してしまったという銘柄はいくつもありますから、ナスダックがいいんだと単純に思ってはいけません。

このように株価だけを見ていると、アメリカ経済はそんなに悪くないと言えます。今や、リーマンショックどこ吹く風です。

図②のＪＮＪの矢印のついた線を見てください。リーマンショックの時には確かに株価が落ちていますが、あっという間に元のレベルに戻ってきて、以後ずっと横ばいです。２０１１年の10月か年末あたりに一度、アメリカ経済がヤバイということで、さすがにナスダックが下がってしまった時も、この銘柄だけはずっと横ばいでした。大して上がりもしないが、下がりもしません。

これは、ジョンソン・エンド・ジョンソンというバンドエイドやコンタクトレンズなどを作っている会社です。つまり、リーマンショックで大変だ、潰れそうだと騒いでいるのは、ウォールストリートの企業だということです。モルガン・スタンレーもゴールドマン・サックスも青息吐息で、今や連銀の傘下に入ってしまった。しかし、バンドエイドを作っていた会社は何の影響も受けず、万全でした。これがアメリカ経済の底力なのです。

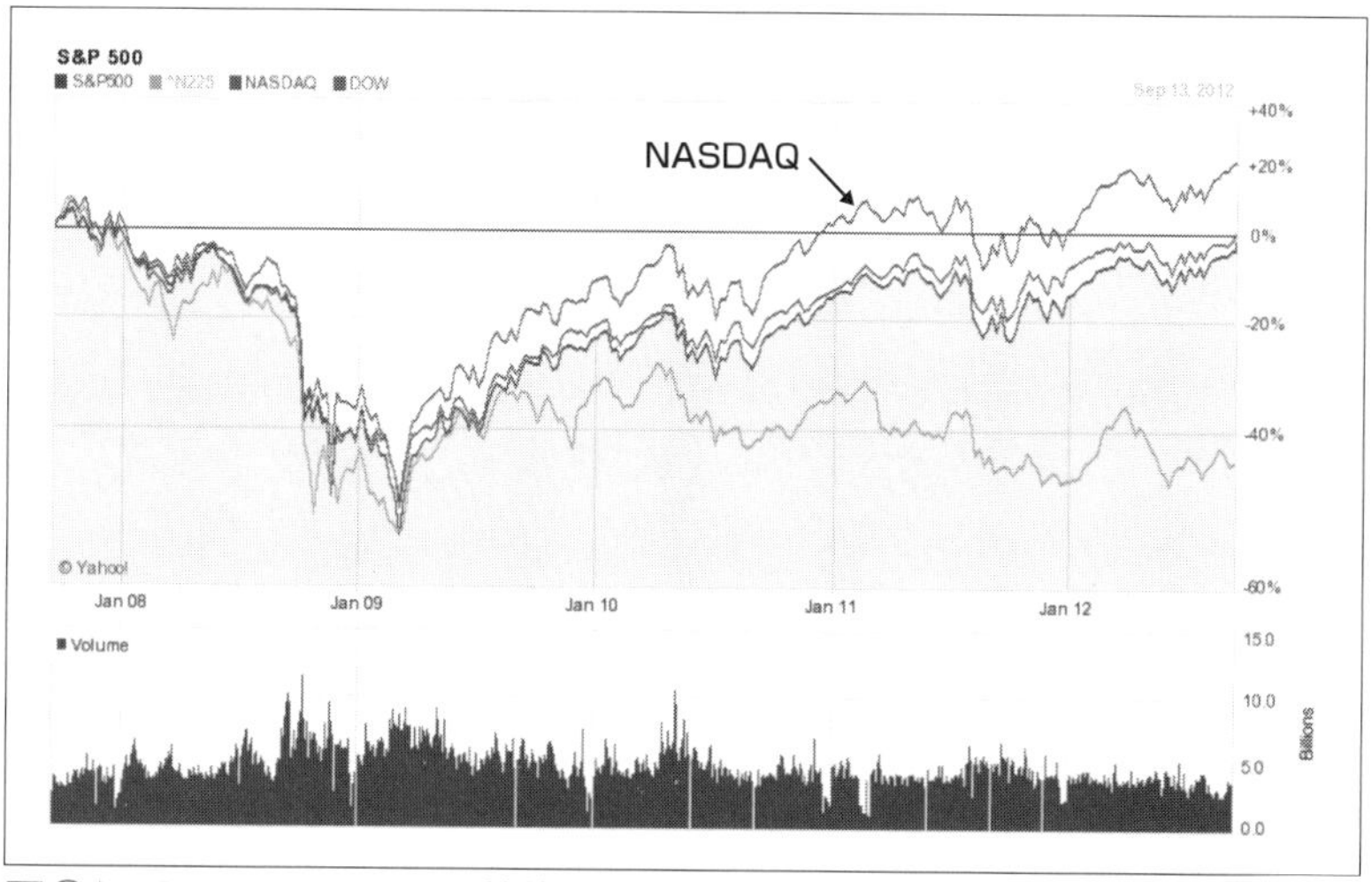

図①▶リーマンショック前後のアメリカの株価

出所）YAHOO! FINANCE（USA）

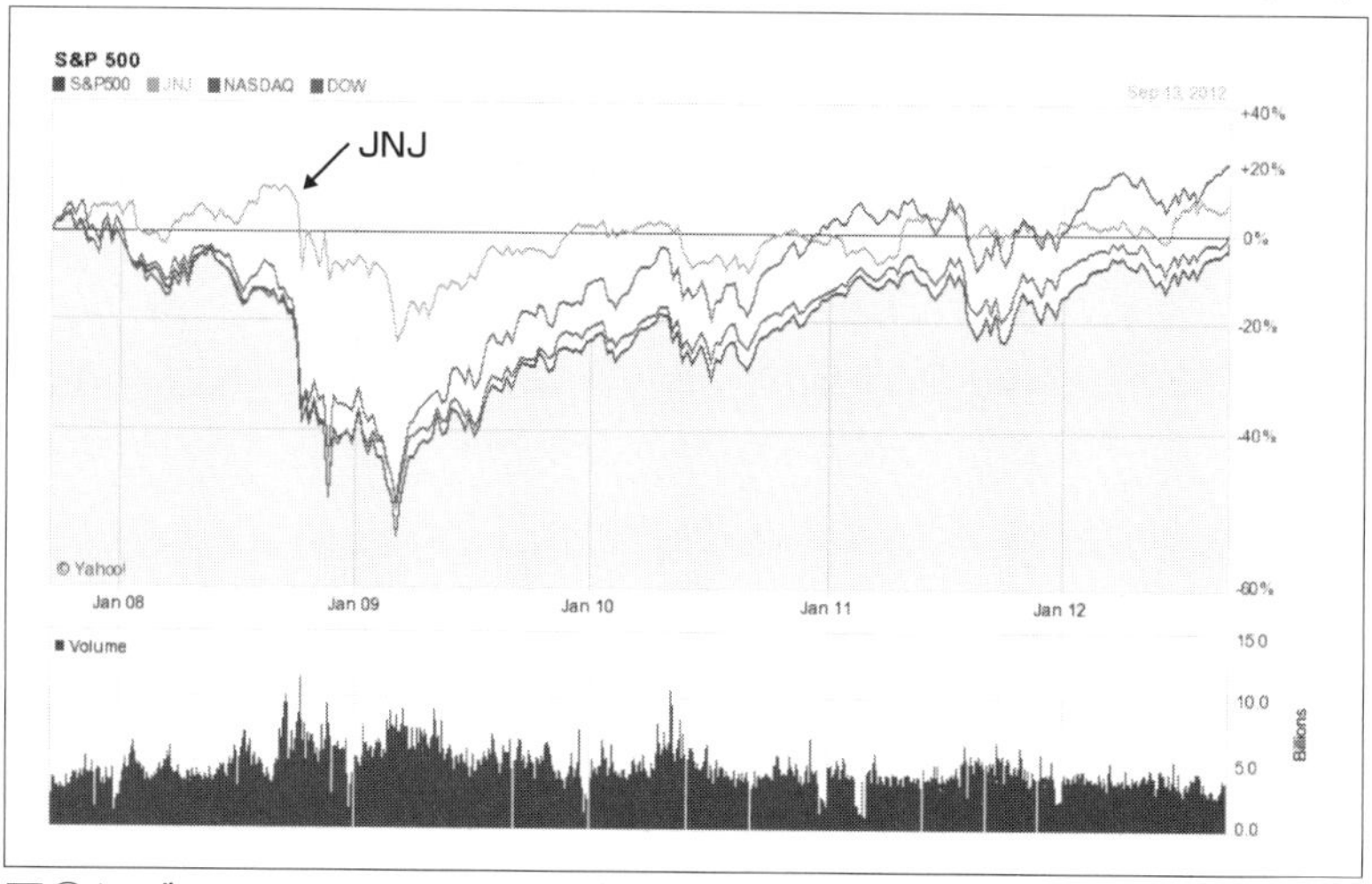

図②▶ジョンソン・エンド・ジョンソンの株価は堅調

出所）YAHOO! FINANCE（USA）

アメリカの企業の底力というと、すぐアップルやマイクロソフト、インテルといった企業が例として出てきますが、実際はバンドエイドを作るジョンソン・エンド・ジョンソンであり、プロクター・アンド・ギャンブルやコカ・コーラです。

ジョンソン・エンド・ジョンソンにとっては、リーマンショックなんて何でもなかった。アメリカ経済がいい時も悪い時も、うちだけは普通に経営させていただきますという企業はたくさんあります。ＩＴブームだろうが何だろうが、こういう企業は常に収益を出しています。株を買うならこういう株を買ってくださいと申し上げるしかありません。

●99％は株価の恩恵を受けていない

アメリカの経済は皆さんが思うほど悪くはありません。ただし、これはあくまでも企業ベースの話です。そのためにジョンソン・エンド・ジョンソンの例を出しました。

つまり、ミクロで見ると、アメリカ経済は回復をしているし、ジョンソン・エンド・ジョンソンのようにリーマンショックでも大して被害を受けていなかった会社がたくさんあります。

しかし、これらはあくまでもミクロの話に過ぎません。

マクロの経済の動きと、実際の株価のようなミクロとは全く別問題です。極端なことを言うと、株価が幾ら上がっても、我々がおカネを使うかどうかは未知数です。

なぜかというと、我々がどれだけ株を持っているかというのは実際よくわかっていない。皆さんの中で、貯金の半分が株だという人はほとんどいないんじゃないでしょうか。株価というのは実はあんまり我々にプラスに響かないものなのです。

株式の保有率はアメリカ人の方が日本人よりはるかに高いですが、株価が上がって喜ぶのは、自社株をたくさん抱えているビル・ゲイツみたいなオーナーと、そこにたくさん投資をしているウォーレン・バフェットみたいなオジサンです。ということは、残りの99%は株価の恩恵をほとんど受けていない。これが世に言うマクロ経済の状況です。

2年間失業率が改善されてこなかった

ここで、アメリカ経済の何が悪かったのかという本題に入りましょう。

個々の企業の経営が良くても、マクロ経済、国全体で見るとあんまり良くないことを示しているのが次ページの図③です。リーマンショックの後、失業率は10%を超えそうになり、今は8%程度です。完全に横ばいゾーンに入りました。オバマ大統領があの財政支出をせず、財務省も連銀も何もしなかった場合には失業率はもっと高くなったでしょう。しかし、ここで財政を投入しなければならないとオバマは決断した。

オバマ政権の間に必ず失業率は5%まで下げられる、何もしなくてもここまで下げられるが、この期間があまりにも長すぎては困るので、何かやりましょう。これがあの時のオバマの演説内容です。それで財政投入をした訳です。

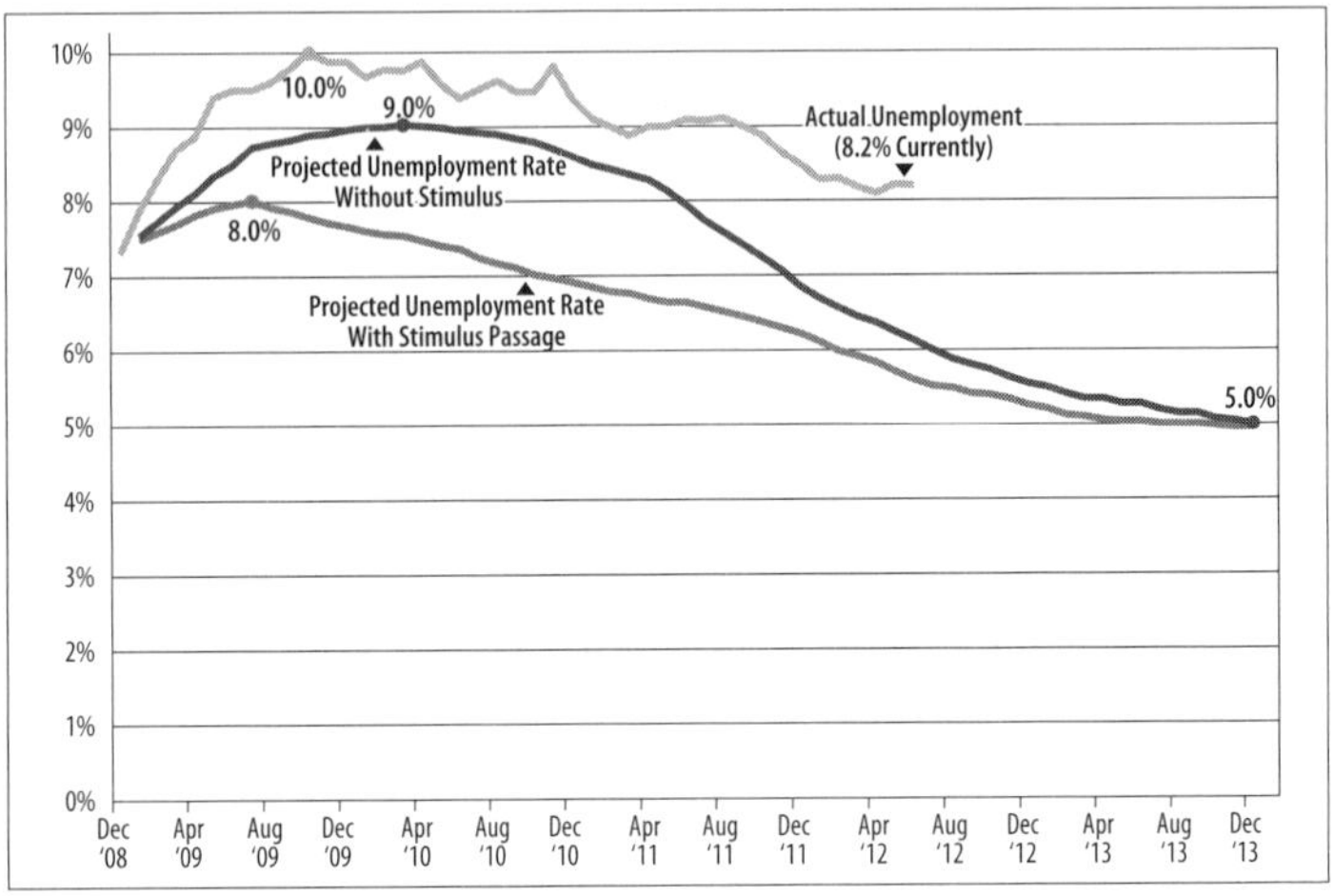

図③▶アメリカの失業率予測

出所）Eric Platt/Business Insider
資料）Bureau of Labor Statistics, "The Job Impact of the America Recovery & Reinvestment Plan," 2009, Christina Romer and Jared Bernstein for the President's Council of Economic Advisers

一般論で言うと、これまでの不況というのは、悪くても7カ月から16カ月ぐらいでボトムを打って、最終的には28カ月、2年ちょっとで元に戻る。これが過去のデータでした。

しかし、今回は違います。本来なら28カ月のあたりでもう決着がついているはずですが、全然ついていない。わずか1％しか持ち上がらない。このままのペースでいくと、雇用者数がどうなるのかは読めません。リーマンショックの時のトップにまで雇用者数が回復するのに、あと何年かかるのかという問いに、これでは答えられないのです。

失業率は、回復する時はものすごいピッチで回復する傾向にありますが、アメリカは2年間ほとんど失業率の改善がない状態

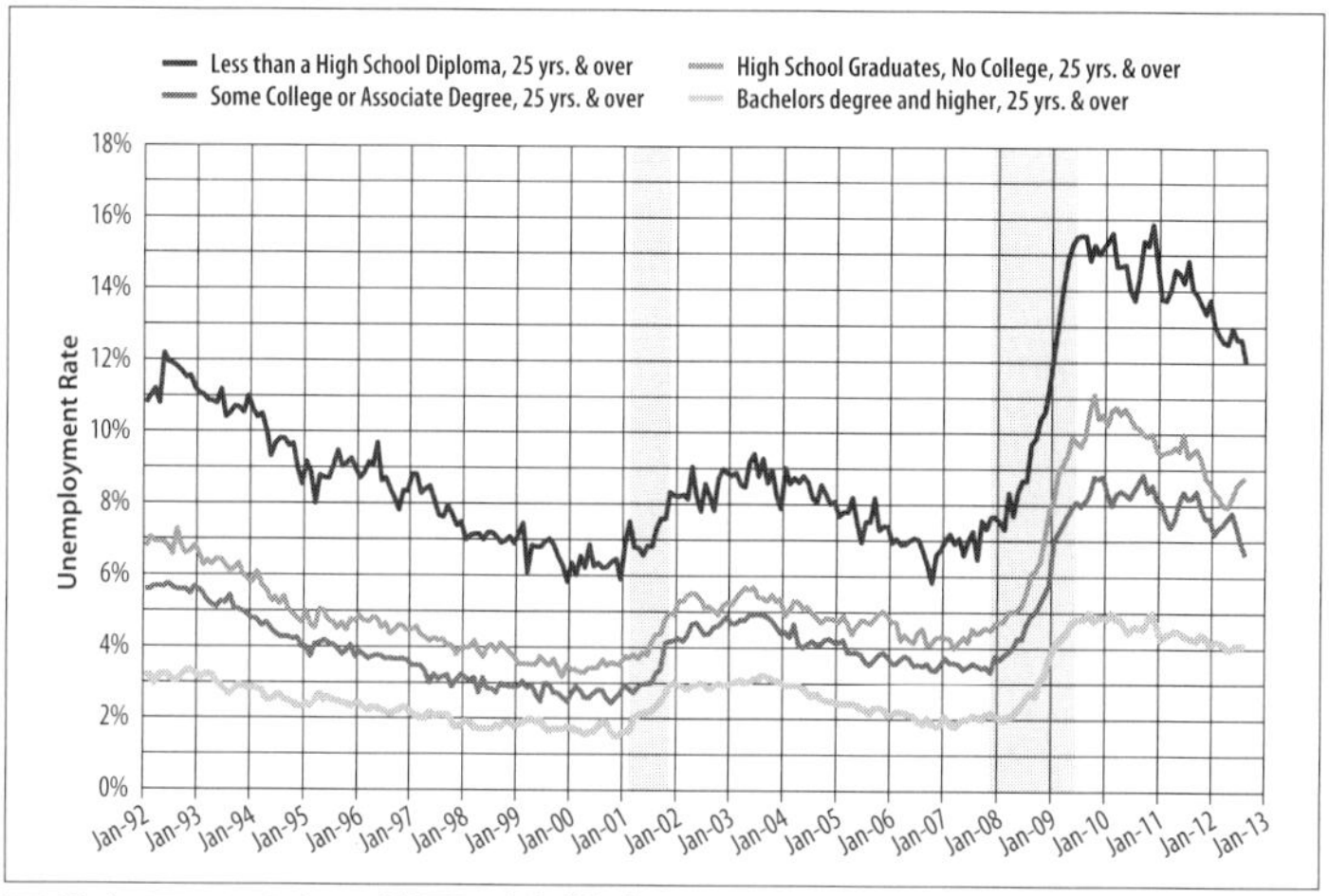

図④▶アメリカの学歴別失業率

出所）http://www.calculatedriskblog.com/

で推移し、しかも止まってしまいました。どうしたらこれ以上減らせるのか。高齢化が進み、労働対象人口から外れていく。つまり雇用者でなくなるのを待つしかないというところまで来ています。これがアメリカのマクロの状況なのです。

●失業率と学生ローン

学歴別にどのくらい失業率があるかを見てみましょう（図④）。一番上の線が、高校中退や中学卒業など高校を卒業できなかった人たちの数字ですが、この人たちの失業率は半端じゃない。その次の線は、高校を出たけれど、大学に行っていない人たちの数字です。三番目が3カ月のアソシエートディグリー、大学に準ずるようなものですね。一番下のバチュラーは完全に大卒で、年齢は25歳以上。25歳から48歳が労働適齢人口という考え方があるので、その年齢を意識して25歳未満は省きました。

こういう資料を使うと、「おまえはそうやって学歴格差を助長させるのか」とかいろんなことを言われる訳ですが、実際アメリカはこうなのです。格差社会の最たるものがここにあります。

一般的な大学を卒業した人の失業率は4%。日本の失業率が3%ですから、あまり変わりませんね。失業率が高いとか保険がないといったいろいろな問題を抱えているのは、社会の底辺にいる弱者です。ここにすべてのしわ寄せが来ています。そして、この層が実はオバマ大統領の最大の支持層なのです。

ウォールストリートの企業でロムニー候補に一番献金しているのはゴールドマン・サックスですから、ウォールストリートからすればオバマは我慢できない。今度オバマが再選されたら、間違いなくウォールストリート規制法案が通るでしょう。私は完全に通ると見ています。さすがに今回通すと政権が割れてしまうので一度待ったようですが、再選されたら絶対導入される。だからウォールストリートがオバマに反対するのは当たり前です。

アメリカではまた別の弱者が増えています。この国はクレジットカードでカネを借りて消費に回すという社会ですが、リーマンショックが起きて信用収縮が起きたために、クレジットカードでおカネを借りられる人がすごく減ってしまいました。

しかし、一つだけ増え続けているローンがある。それは学生ローンです。

今やこの金額はクレジットカードローンより大きくなりました。金額的には約2兆ドルと言われ、ローンの分類の中では、モーゲージローンを超えて最大のカテゴリーになりつつあります。住宅ローンより、学生が自分の学校を卒業するために借り入れる学費ローンの方がでかい。それを背負って社会に出ていくこの若者たちが、一体アメリカ社会の中でどうやって生きていくのかと考えると、到底アメリカ経済を楽観視することなどできません。

格差はますます開き、弱者はどんどんカネを借りています。国全体のマクロで見ると、アメリカはこんな状態まで来ているのです。

●金融政策を行わない限り、マクロ経済での低迷を脱却できない

さて、「なぜバーナンキがここに来てQE3をやらなくてはならなかったのか」に戻りましょう。その理由はこうです。

次ページの図⑤は、企業に抱えられたネットキャッシュと現金の比率を示しています。2011年と2012年で、どのくらいの金額を持っているのかを比較したゴールドマン・サックスの資料です。

以前、日本企業は「現金を貯めこんでいる余裕があったら株主の配当に回せ。あるいはどんどん設備投資して次のビジネスを作れ」とさんざんいじめられてきましたが、いつの間にかアメリカ企業がそれをやっていることがわかりますね。

しかも、マイクロソフトのようなソフトウェア・サービスの会社が率先してやっている。10

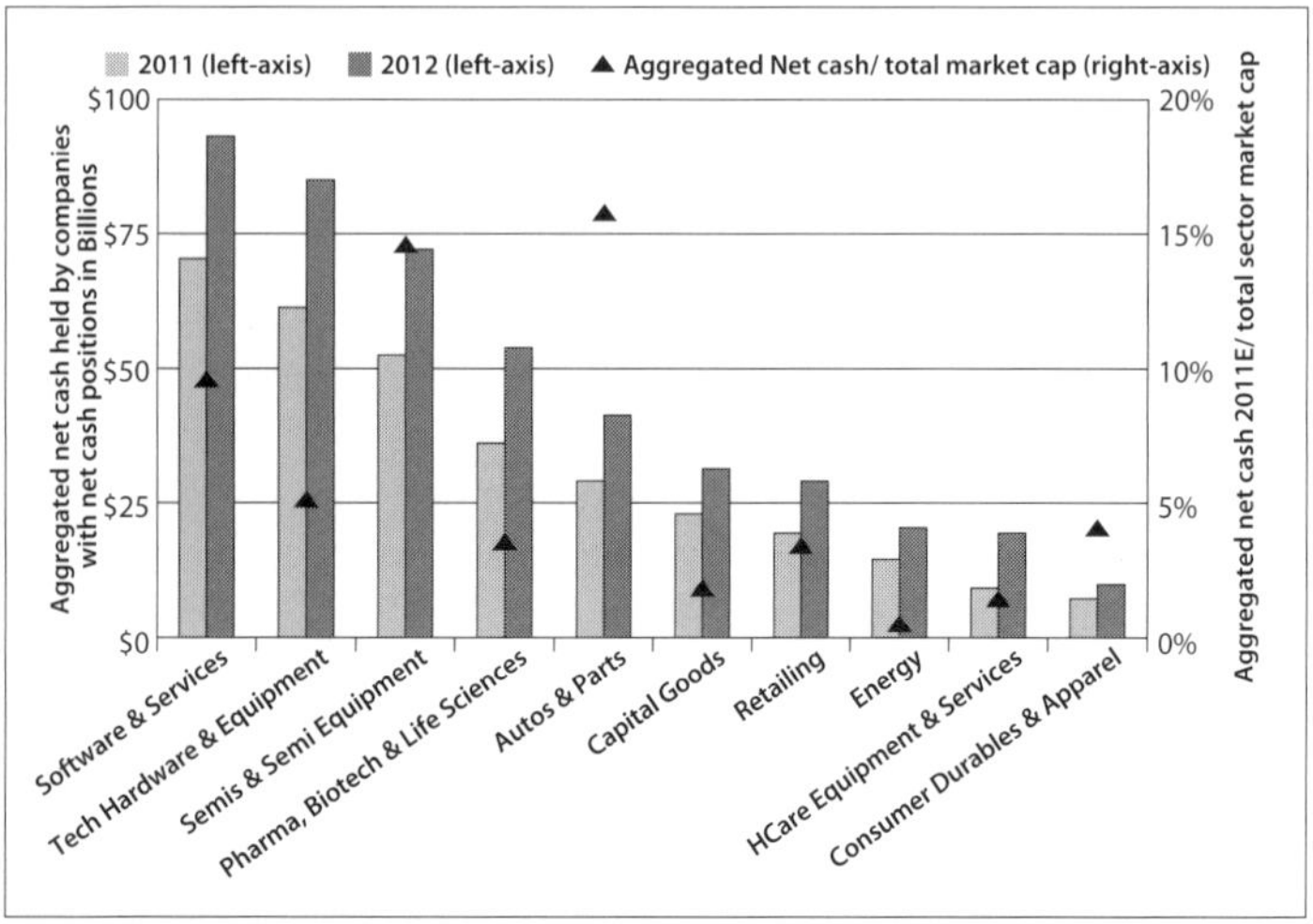

図⑤▶企業に抱えられたネットキャッシュと現金の比率

出所）Goldman Sachs（March 2011）

00億ドルものキャッシュをみんな抱えている訳です。

製薬会社も、現金があればどんどん次の設備投資に回すのかと思いきや、とんでもない、ネットキャッシュだらけです。これだけキャッシュが余っているということは、つまり人を雇っていない。

何をやっていると思いますか。自社株買い増しです。だから株価は上がるんですね。この株価を見て、アメリカの景気は元に戻ってきましたと言うバカな日本人がいっぱいいますが、実態は違います。

バーナンキのQE3の理由はここにあると思います。彼が失業率の問題を重視し、2年前に方針を転換して、「ゆるやかな目標であるアンエンプロイメント」とネーミングし、連銀としてスティク（執着）したいという議論を展開した時には、連銀の埒外のテーマだということでずいぶん批判されましたが、バーナンキは、それを目標にして金融政策を行わない限り、アメリカのマクロ経済での低迷を脱却する方法はないという最終的な結論に達したのでしょう。

●モーゲージバックド・セキュリティーズを狙い撃ちしたQE3

QE3の本質は、市場に出ている国債やモーゲージバックド・セキュリティーズ（Mortgage-Backed Securities）などを徹底的に買いまくることです。学生ローンが莫大に増えていると前に述べましたが、逆に言うと、クレジットカード会社が今まで貸していた、行き先のなくなったカネは全部金融機関に無駄積みになっている。それをなんとか吐き出させようというのが今回のQE3の狙いであり、バーナンキはモーゲージバックド・セキュリティーズに照準を合わせました。

彼はおそらく住宅市場が下げ止まったという判断をしていると思います。価格がもっと上がるようにするにはどうしたらいいか。これには、マーケットに流通している住宅ローン債権を、更にスピードを上げてマーケットから吸収する。そしてそれを背景にして住宅ローンを組成すれば、マーケットでモーゲージバックド・セキュリティーズとして売れる訳です。金融機関にとっては、他のものにコミットするよりも住宅ローンにコミットした方が、ABS（資産担保証券）で証券化しバランスシートから消せることになる。このモーゲージバックド・セキュリティーズに、連銀といういわばスーパーバイヤーが動けば、金融機関は間違いなくカネを貸すはずです。住宅ローンの残高がどんどん増えれば、アメリカの住宅価格は上がるでしょう。

住宅セクターというのは、現在の雇用の中で一番力のあるゾーンです。全就業者数の20％近いインパクトがあります。バーナンキ議長は言ってみれば今回のＱＥ３で住宅市場を狙い撃ちにした。それによって、何とか住宅・建設関連に、あるいは不動産・住宅サービス関連に雇用を増やす。そして住宅価格が上昇すれば、一人一人のホームモーゲージローン、つまり自分の家を担保にしたローンで少しでも消費が上がるのではないかと考えて、今回、モーゲージバックド・セキュリティーズを狙い撃ちするという作戦に出てきました。

今回は、雇用が満足する水準に回復するまで住宅ローン担保証券を月に４００億ドル（３兆１０００億円程度）購入すると発表しましたが、金額的に十分かどうかというのはその次の評価になるでしょう。

●従来の金融政策の常識を変える

バーナンキは「after an employment problem is solved」という言葉を出しました。労働市場の困難が解消した後まで緩和するということです。

今までこんなことを言った人はいません。景気が回復し始めたら金融緩和はやめるのが普通です。ところが今回は「アフター」ですから、回復が完全に確立されたその後に減らそうということ。これは今までの金融政策の常識を超えています。

だから、反応もすごい。こんなことをやったらドルが暴落するという反応ですね。それはそうです。連銀のバランスシートがどんどん悪くなり、どんどん膨らむ。そして、どんどんマーケットに出てくる。しかも、その出ていったドルを吸収しないで、とにかく流しっ放しにするということなので、結果的にドルが暴落するのではないかと考える人がいても不思議ではありません。

このあたりの政策議論が今後、半年くらいの一番の目玉になるでしょう。これが成功するかしないかで、本当に世界経済の見方が根底から変わってしまいます。残念ながら日本も影響を受けますね。アメリカがもしバランスシート調整がうまくいかない、バランスシートがあまりにも膨張しすぎるということで信用を失うならば、その時点でドル暴落という事態も考えなければいけません。

ただし、だったら円高になるという考え方は単純すぎます。残念ながらそうはいかない。ドルが暴落する時は円も暴落するかもしれません。

話を戻すと、彼らの目論見通り、住宅価格がここからリバウンドを始めて上昇に向かって、失業率が下がっていくという可能性もあり得ます。私はその可能性があると見ています。

ご存じの通り、バーナンキは「デフレ克服のためにはヘリコプターからお札をばらまけば良い」と発言したことから「ヘリコプター・ベン」というニックネームを付けられました。しかし、今はヘリコプターでカネをまいているどころじゃない。ニューヨーク・タイムズの表現では「アポロ宇宙船に乗せて宇宙から札をまいている」とありましたが、ほとんどそれに等しいようなや

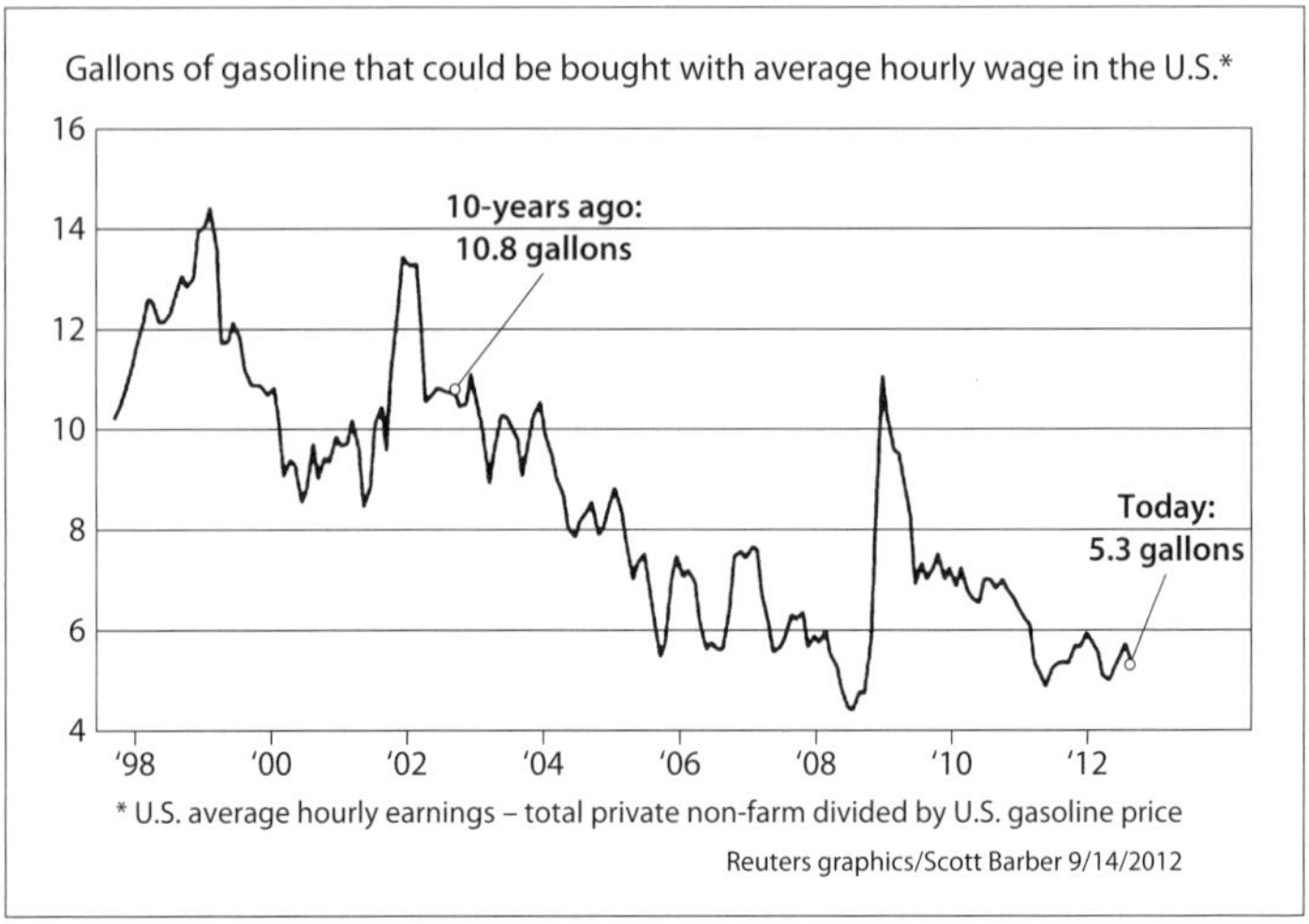

図⑥▶1日の賃金で買えるガソリンの量

出所）Thomson Reuters Datastream

り方を採っています。そこまでアメリカは踏み込んでいるということなんです。これだけは、覚えておいてください。

●ガソリンの購買力は10年前の半分に

さきに、企業業績などはミクロ的に見るといいと述べました。しかし、同じミクロでも個人に着目すると、非常に危うい事実があります（図⑥参照）。

この折れ線グラフは時間労働です。週労働平均賃金の1日分、つまり一般的な労働者が1日にもらう給料でどのくらいのガソリンが買えるのかを示したグラフです。我々が失業率のデータを見る時に使うもので、ガソリンを買えれば買えるほど良い、ということになります。

この購買力は、10年前は10・8倍ぐらいあり、リーマンショックの前も同じぐらいでした。しかし現在は、ガソリンの値段が上がり、収入は下がっているので、彼らの購買力は小さくなった。アメリカ社会における弱者と言われる人は、10年前の半分しかガソリンが買えない生活に陥っています。これが大統領選挙の争点になっています。

アメリカの大多数の平均的サラリーマンが、10年前のせいぜい半分のガソリンしか買えないというような状況に置かれている。これらが今アメリカが抱えている問題です。アメリカの経済が本当に回復したと言えるかどうかということを皆さんぜひ考えてほしいと思います。

（２０１２年9月15日講演分）

大統領再選後の注意点、ボルカールールの導入

ようやく大統領選挙が終わり、いよいよ次のフェーズに進む時が来ました。

アメリカの大統領が誰になるのか、そんなに大変なことなのか、というご意見もあるようですが、やはりアメリカ大統領の影響力というのは絶大で、間違った政策を導入すると世界中が迷路にはまるリスクがある訳です。思えばＬＴＣＭショック、テックバブル崩壊も、リーマンショックも、結局アメリカから始まっている訳ですし、その余波で欧州危機まで引き起こしてし

まった。

逆に今の経済成長の大きな部分をまかなっているＩＴ、バイオ、すべての成長産業はアメリカ発と言ってもいいくらいです。

良いものも悪いものもアメリカ発、ということは隠しようのない事実なのです。

そして忘れてはならないのは、いつも書いていますが、オバマ大統領は経済運営がかなり上手だった、という事実。共和党の対立候補ロムニーにはずいぶんたたかれましたが、ブッシュの負の遺産であるリーマンショックを乗り越え、ＧＭを再建し、何とか住宅バブルの傷跡をここまで戻してきた運営手腕はたいしたものだと言うべきです。

そして、ようやくアメリカ経済全体に回復の兆しが見えてきています。住宅セクターの回復により、失業率は（２０１３年の）年央にはかなり下がってくると見ていますし、このあたりの見通しを含めて少しお話をしていきたいと思います。

まず、一般報道の予想に反してオバマ大統領の圧勝であります。支持率は競っていた、と言う人がいますが、そんなことは前からそうでありまして、要は選挙人を取ると取らない、がすべてのキーなので、予想する人はそれを見越して予想しなければなりません。

私を含め、結構大差だな、と感じたのはやはり実感通りですし、僅差をあおるメディアは決着が長引けば長引くほど儲かる人たちなので、なんとか数時間でも伸びて欲しい、というのが本音なのです。稼ぎになる番組が少ない昨今、大統領選挙はアメリカのメディアにとっても格好の稼ぎ場所なんです。

で、それに乗っかってしまった日本のメディアがまあ、さみしいですね。アメリカで取材していない、というか取材力がないことがモロバレ、になってしまいました。

でも今回はぐっちーも「もしかして……」と思った時期が正直ありまして、いや、あまり大きなことは言えません。考えてみるとアメリカで仕事をやっている、という現実がある訳ですが、よくよく気が付いてみると大多数が白人・大金持ち・プロテスタント、という人たちとしか実は付き合っていない。自然と共和党保守本流の価値観に流されるのですよ。で、ニューヨークやシアトルなど先進的な場所はほとんど民主党の人々なので両方を聞いているとどうしてもいい勝負に見えてしまう。

「誰か忘れていませんか?」

ということなんですね。そうです、今回キーになったと言われるラティーノ(Latino)の人々。正直に言いますがほとんど知り合いがいません。というか、この仕事をしているとほとんど会う機会がありません。話には聞くもののそもそもお付き合いするチャンスがないのです(ファストフードの店員さんとかそういう人々なのですが、一緒に遊びに行ったりする機会がありませんからね……)。

1人だけ友人の家の家政婦さんがラティーノなんですが、メキシコに残した家族の命運はすべて彼女の稼ぎにかかっており、例によって保険もないし、大変な状況に置かれている訳です。で、こういう人は命がかかっているので絶対にオバマ支持なんですよ。ロムニーは100%あり得ない、という人たちの人口がアメリカでものすごく増えている、という現実は理解しておく必要があると思います。

ディズニーはこれまでも有色人種の主人公を何人も出しているのですが、そう言えばまだラティーノが主人公のものがありません。黒人やアラブ系は出ているのですが、ラティーノはまだ出てないんですよ。

白雪姫、シンデレラは白人のお姫様。

アラジンのジャスミンはアラブ人、ポカホンタスはアメリカ先住インディアン、ムーランは中国人だし、プリンセスと魔法のキスは黒人少女が主人公でした。

実は先ごろ始まった『Sofia the First（ソフィア1世）』というディズニーアニメがあって、これはディズニー社副社長のダンブロージアもソフィアはラティーノと認めていたんですね。ところがこのソフィア姫は肌が白くて目が青いのですよ。これで全米のラティーノから大反発を食らってしまい、あわてたディズニーは前言を翻し、これはあくまでもおとぎ話です、と逃げた。しかし全米のラティーノは収まらず、今でも大論争が続いています。ラティーノは大きなマーケットなのですが、いまいち理解が届かない世界で、ディズニーといえどもこうやって失敗してしまうのです。

そういうことから距離的に近いメキシコなどのラティーノの存在というのがこれからのキーワードになるかもしれませんね。何せ人口の18%と言えばそれは大変なものです。このまま行くと40年後には倍になるという予測もあります。そうなるとアメリカ合衆国民の3人に1人がラティーノという計算になりますね。

トヨタがヒスパニックチャンネルにものすごい広告を出しているんですが、まあさすが！　ということになりますかね。

もちろん同じ枠組みでアジア系ってのも当然出てくる訳で、韓国系、中国系とはっきり分かれる中で我ら同輩はしっかりアメリカ市民として溶け込んでしまい、良くも悪くも日本系という存在はほぼありません。こういうところが日本人の偉いところで、その国に行ったら、その国のために命をはる、という古き良き伝統はまだ生きているのであります。

どんどん話がそれていきますので、この辺で。さて、オバマ大統領2期目のアメリカ経済は如何に？

まず、いの一番に皆さんがおっしゃるのが財政の崖問題なんですが……。

確かにあと50日もたてばすべての層に及んでいた減税が終わってしまいます。年明けには強制的に元の税率に戻ってしまう。これはかなりの負担感があるでしょう。

更にデットシーリングの枠の引き上げの条件として呑んだ自動的政府支出削減というのがあり

まして、これは何年かにわたって行われるものの、初年度のインパクトが結構大きい。様々なシミュレーションが出ているのですが、ラフに行きますと

●ブッシュ減税の失効：2210億ドル
●景気対策の失効：1210億ドル
●歳出一律削減：650億ドル
●その他：1530億ドル

といった感じになるでしょうか。この他に出てくる可能性もあるのですが、これらを合わせるとGDPのおよそ2％が吹っ飛ぶ計算になります。

この受け止めかたに差がありまして、私は正直たった2％か、とか思う訳ですが人によってはこれを一大事‼　と言う訳でありまして、例によって判断の難しいところではありますが、QE3を発動した状態で見れば仮に年明けからかなり時間がたってしまって交渉が成立しないとしても、実はあまり問題にならないかもしれません。あおられないように気を付けるのが肝心でしょうか。実際には妥協が図られる可能性の方がはるかに高いと思っています。

これだけ差をつけられたら共和党としてもあまり突っ張ってはいられません。

先程の話のようにラティーノをいかに取り込むか、というのは党の最重要の政治課題になるこ

とは間違いありません。そうしなければ4年後もないのです。

ということはどこかで妥協が必要で、減税の割り振りは比較的妥協しやすい項目であろう、と私は見ています。ということで比較的早い時期に財政の崖問題は解決すると思いますし、仮に長引いてもあまり大きなインパクトはないと見てよろしいかと存じます。

次。ボルカールールの導入。

実はこれの方がはるかにインパクトがでかいです。

アメリカの投資銀行はモルガン・スタンレー、ゴールドマン・サックスと二つが生き残ったのですが、リーマンショックによる経営不安で、投資銀行という看板を下ろし、FRB傘下の商業銀行になり下がる‼　という屈辱的な決断をせざるを得ませんでした。

簡単に言うと、商業銀行は皆様の預金を預かっているのでギャンブルしてはいけませんよ、預金をちゃんと守ってくださいね、という話。

一方、投資銀行はいわばプロのお金しか扱わず、一般の預金者はゼロなので、まあ、多少ギャンブルして潰れてもいいかな、という棲み分けがあったのです。

で、今回そのモルスタとゴールドマンでさえ資金繰りが怪しくなってしまい、FRBから資金供給を受けるのと引き換えに商業銀行と同様の規制をかけられるようになったということなんですね。

日本でも証券会社と銀行の関係がよく似ていて、銀行預金は1000万円まで保護されますが、証券会社の預かり口座には特別な配慮はありません。潰れるなら勝手に潰れろ、というスタンスです。

で、モルスタとゴールドマンは結局中央銀行の軍門に下った訳ですが、それが更に厳しくなる、というのがボルカールールなんです。デリバティブのポジション総額規制に始まり、ポジションのディスクローズ、取引先の開示などとんでもないものが織り込まれているのです。

これを仔細に検討してみるともはやマーケットで稼ぐことは不可能に近く、モルスタ、ゴールドマンはおろか、元々の商業銀行であるJPモルガンやバンク・オブ・アメリカに至るまで稼ぐ方法が無くなってしまいます。ウォールストリートの時代が本当に1970年代のいわゆるブティックの時代に戻ってしまうことになります。

この方がはるかに影響が大きいでしょう。財政の崖どころではありません。まさに圧勝したオバマ政権は間違いなくこのボルカールールを導入するでしょう。

しかし、金融機関個々の状態は決して盤石ではなく、これを導入することによるマイナスはかなり大きいことを覚悟せねばなりません。

例えばこんなニュースがあります。

バーゼル3の自己資本比率引き上げ、米国が導入時期を先送り

11月9日（ブルームバーグ）：米監督当局は9日、新たな銀行資本規制「バーゼル3」に基づき義務付けられている自己資本比率引き上げの開始時期を、予定していた来年1月1日から先送りすると発表した。

米連邦準備制度と連邦預金保険公社（FDIC）、通貨監督庁（OCC）の3機関は共同発表した資料で、寄せられた意見を引き続き検討しているため、来年初めの段階で「提案された規則のいずれも導入されることを想定していない」とした。

バーゼル銀行監督委員会を構成する国・地域の大半は、自己資本比率引き上げに向けた作業をまだ終えていない。新規則を理解したり、システムを変更するのには十分な時間が取れないとする銀行業界の懸念に、当局が応えた形だ。

（ブルームバーグ　2012年11月10日付）

因みに日本の銀行はすべてこの新しいバーゼル3を満たすことになります。欧州の金融機関はご存じの通り逆立ちしても満たすのは無理で、肝心のアメリカの金融機関がこの基準を満たせないということは一体何を意味するのか？

世界で一番安全な金融機関は日本にありますよ、と宣伝しているようなものなんですよ、これは。一方、アメリカの銀行はバーゼル3をとても呑めない、という体力水準だということを認めているのです。元々日本いじめのために始めたバーゼルルールなんですが、いつの間にか日本のために使われているのにも等しい状況となり、まあ、世の中何が起きるかわかりませんね。

ポイントはバーゼルルールを守れないほど追い込まれているアメリカの金融機関がボルカールールの導入で更に足かせがかかり、儲けるチャンスがなくなりますよ、という話で、曲がりなりにもウォールストリートが経済を引っ張ってきたアメリカにとっては、実はこれこそ一大事なのです。

ですから本当の注目点はボルカールールの導入。財政の崖は妥協が図られる確率が高く、あまり大きな問題ではない、ということをご理解頂きたい、と思います。

（2012年11月12日発行分）

今世紀最大の朗報――シェールオイル

これ、多分ここ数年のエポックメーキングと言うべき事件なのですが、取り扱いがあまりにも小さいです。今週の『AERA』でも取り上げますが、これによるインパクトはとてつもなく大きいのですよ……。

米産油量「20年には世界一」　IEA見通し　シェールオイル拡大で

【ロンドン＝中沢謙介】国際エネルギー機関（ＩＥＡ）は12日、最新の世界エネルギー見通しを発表した。米国の原油生産量が２０２０年までにサウジアラビアを抜いて世界最大となり、20年代半ばまで、その座を維持すると予測している。

ＩＥＡは、原油生産量などの拡大とエネルギー効率の改善により、米国は35年までに必要とするエネルギーのほとんどを自給できるようになるとみている。天然ガス生産でも、米国は15年までにロシアを上回り、世界最大になると予測した。米国での生産が増加することで、世界のエネルギー情勢が新たな局面を迎えると指摘している。

（読売新聞　２０１２年11月13日朝刊）

アメリカの経常赤字が約５０００億ドルなんですよ。でよく見るとアメリカが輸入している原油総額がおよそ５０００億ドル。つまり、アメリカが原油を輸入しなくなると今の赤字はすべてチャラになる、って話ですぜ。原油でしか稼いでいないサウジアラビアのＧＤＰが５９００億ドルなので、この数字相当単純ですが、当たってますよ。アメリカの経常収支がチャラになったら……。多分すごいドル高でいいんだと思います（円安ではないですよ!!）。それから原油だの、化石燃料の輸出に頼っていたサウジ、ロシアなど、このあたりはぼろぼろです。それらすべてを輸入に頼っている日本もだいぶコスト削減ができると思われますね。結局円・ドルが上がり、その他通貨が下がる。

出てくる解は、エマージングなどの投資はやめましょう、ということと、円・ドル以外の通貨を持っても意味がありませんよ、という話です。

資源株とか保有されている人もやめた方がいいかもしれません。

ただし、アメリカのメジャーはシェールオイル関連のベンチャーをしこたま傘下に収めましたので、彼らが討死する、という話にはならんのです。

結局アメリカは強かった、ってオチになるんですが、思いのほかオバマ大統領の新たな4年間はアメリカ復活になるのかもしれません。コバンザメのような日本が悪い訳がないのですが、この話はまた！

（2012年11月19日発行分）

エネルギー革命がすぐそこまで来ている

2012年11月にIEA（国際エネルギー機関）が発表した世界エネルギー見通しは衝撃的ですらあります。これは根本から世界経済の仕組みと収支を変えてしまう可能性があり、決して過小評価すべきではありません。

これによればアメリカの原油生産量は２０２０年までに現在世界Ｎｏ．１のサウジアラビアを抜き、天然ガスでも２０１５年までにロシアを抜いていずれも世界最大になるというのです。しかもこの結果、アメリカは２０３５年までに国内で必要とするすべての天然エネルギーを自給できるようになるというのです。

これは世界の経済常識を根底から変える可能性があります。前項と繰り返しになりますが、現在アメリカの原油輸入額は世界最大の約５０００億ドルと見られています。世界最悪の経常収支と言われるその赤字幅はやはり約５０００億ドル。ラフに言えばもし、この原油輸入が無くなればアメリカの経常赤字は消えてなくなる可能性が……あるのです。

原油の生産がＧＤＰのすべてと見て差し支えないサウジアラビアのＧＤＰが５９００億ドルですから、実はこの数字かなりリアルです。

財政の崖もなんのその、アメリカの経常収支はエネルギー収支で自然に黒字化する可能性まであるのですよ。今までの赤字がすべて消し飛んでしまう。

これを大事件と言わずして何が大事件なのでしょうか⁉

地中深くを掘り下げていく「水圧破砕」という新たな掘削法の開発によりこれまで不可能とされたシェールオイルの取り出しに成功した、新たな技術進歩によってもたらされた福音です。これまでの石油掘削における水中掘削と破砕技術が融合した結実なのです。

グリーンエネルギー革命を提唱しクリーンエネルギーに向けた投資を政府自らが行い、応援を決めたオバマ大統領ですが、実は太陽光にしても風力にしてもその成果は惨憺たるもの。政府支援による太陽光発電や風力発電関係のベンチャーはほぼすべて討死し、その残骸を中国企業が買いあさっているという、実に悲惨な状況です。

しかし、オバマ大統領が同時にサステイナブルエネルギー、つまり持続可能エネルギーとしてこのシェールオイル開発もメニューに加えていたために、この関連ベンチャー企業に多額の資金が投じられた結果、技術開発に成功し、成果をあげつつあるのです。

アメリカにはこのシェールオイル開発の油井がすでに100万カ所、中国には63カ所が存在しています。

1980年代のインテル、マイクロソフトなどのIT革命のきっかけとなった企業のスタート時に投じられた資金は成功不成功合わせてせいぜい1兆円程度と言われており、今回主役のベンチャーへの投資もほぼそんなところだと言われます。つまり実はそれほど巨額なものではありません。

投資金額に比べればはるかに大きな果実を得たアメリカ、建国の開拓精神は大いに健在と言うしかありませんね。

様々な戦略上の問題があり、アメリカでとれた天然資源はフリートレードではありません。日本に対しても輸出制限がかかるのです。

しかし、一方で戦後50年アメリカの外交戦略を陰で支え、まして財政赤字の大部分をファイナンスしてきた日本は例外にしてもいいのではないか、という議論が上院を初めとしてアメリカ国内で出てきました。

資源の無い日本、原子力発電所を運転停止にした分を化石燃料に頼らねばならない日本にとってもこれは大変大きな福音かもしれません。

実際に海底奥深くを探索し、掘削に使われるドリリングマシーンなどには例によって日本の技術がふんだんに取り込まれているのです。いよいよ日本政府としての対応が問われる状況になっていることだけは間違いありません。

日本がアメリカのシェールオイルで資源問題からリリースされるとなれば、それこそ最大の恩恵を受ける国の一つとなるでしょうし、更にそれらの掘削技術については日本が提供できるノウハウがごまんとあるのです。座して死を待ち、武士は食わねど高楊枝、なのか、決断の時期は迫っているでしょう。

（書き下ろし）

あなたは99％？　それとも1％？

さて、あなたはウォールストリートで座り込む資格ありですか、無しですか（笑）。

まず、アメリカについて言いますと、今週出てきたアメリカ予算局の統計はちょっとショックだったでしょうか。

これによりますと、この上位1％の人々が占有する富の総額（所得・資産を含む）は全米のその42％にのぼり、同じく10％の人々ではなんと93％に達する。一方負債の方は73％をその上位10％以外の人々、つまり残りの90％の人々で支えているという構図。

更にこの上位1％と言われる層の人々は個々にはもちろん入れ替わりがある訳ですが、この30年間で所得がプラス296％。一方下位20％の人々の所得はわずかプラス18％。つまり貧富の差は開く一方、という訳です。

しかし、一方で忘れてはいけないのはその上位10％の人々がアメリカの消費全体のやはり90％を占めるということ。確かに金は持っていますが、使っています。彼らがそれを使わずに貯めこんだらアメリカは今ごろ「泥沼」の経済停滞でしょう。使っているからGDPも伸びてその分みんなが何とか食いつないでいる、という言い方はできるでしょうね。

さて日本。メリルリンチの統計調査によれば、100万ドル以上稼いでいる人口では日本はアメリカに次いで堂々第2位。しかし、世界の調査会社の統計をあれこれ見てみると、一方でいわゆる先進国G7でこの上位1％に属する人々の年収は約5万ドル以上だそうです。つまり日本円に直すと年収350万円!!

まあ、誤差を認めてもこの程度の年収があるとG7では所得上位5％に入ってしまうことは間違いない。資産までは調査できていないけど、要するに大多数の日本のサラリーマンは「金返せ！」と言われる方になってしまう。実感はないかもしれませんが、これは私にはよくわかりますね。

私が中学生のころ。父親は某都市銀行の支店長でしたからサラリーマン家庭としては、我が家はかなりの富裕層に属していました。しかし、家にクーラーは茶の間の1台しかありませんでしたし、山手線の冷房車なんて1時間に1編成来るかどうか。学校帰りによく待ってましたよ。車も家に1台でしたし、贅沢と言えば週1回、家族で食べる焼き肉とすき焼きでした。牛肉が贅沢品だったんです。海外旅行なんて1ドル360円ですから夢のまた夢。

え、あなた、海外も牛肉ももう飽きたとか言ってるでしょ⁉ アルバイトだとか言うけど週2回牛肉くらい食えますよ。

結局日本は国全体が本当に豊かになったということです。そしてその結果円高になった訳ですね。めでたし、めでたしなんです。

ただし‼ 今までは、です。

いずれにせよ、日本人はあまり軽い気持ちで“We are the 1%, Get the money back from 99%!”なんて言わない方がいい。殴られます（爆）。

これで座り込める人、何人いるんでしょうかね？

（2011年10月31日発行分）

ますます増えるアメリカの貧困層
――もはや夢の国ではない……

ご存じの通り、アメリカの大学の学費は大変高く、公立大学（例えばＵＣＬＡ）などでも年間４万ドルくらいは普通だ、と前に書きました。シュガーダディー（若い女性と援交する中高年男性のこと）の話も書きましたが冗談じゃないんですよ、本当に。因みにアメリカの学生ローンの残高は９５００億ドル、３６００万人に及んでおり、この残高はクレジットカードによるローンより多いのです。

アメリカの人口統計局の発表によると、２０１０年のアメリカの貧困層は４６２０万人!! 過去52年間の統計期間で最高になったという、衝撃の内容。これにより貧困率は15・３％、いよいよ１９８０年代不況を超える勢いです。

あれからアメリカのＧＤＰは2倍くらいになっていますから所得だって2倍あって当たり前なのであって、その時と同じ数の貧困層がいること自体驚きでしょう。

因みに貧困の定義は４人家族で年収2万２３１４ドル以下、２人家族で1万４２１８ドル以下、となっています。４人家族で２２０万円ですよ……。

マックのバイトが時給８００円として1日7時間働いて５６００円ですから、お父さんが１人でマックで毎日休まずバイトをして4人家族を養うと大体こういう数字になる。つまりアメリカではお父さんがマックのバイトで一家を支えていて、それですら就業するのが難しい状況と言えます。

私の友人のシアトルにある Blue C（回転ずし）という店のバイトの申し込みも学生と普通の社会人、しかも大卒の社会人との激しい奪い合いなんだそうです。面接に何百人と来るのでびっくりする、と言ってました。

それから年間10万ドル（約1000万円!!）かかるハーバード大学の卒業生の就職率は2010年で73%、リーマンショック直後の2009年はわずか58%だったんですよ。日本と比べて如何ですか??

これに例の医療保険問題が入ってくる。前に書いたら、その金額は1年分でしょ、と言われましたが、4人家族の平均的医療保険金額は（月間で！）20万円程度です。大手企業に勤めているとこれの半分くらいで済みますが、失業したり、あるいは自由業をされているとこのくらいは普通に払います。

そして一度でも病院に行くと実績としてカウントされ翌年の保険料が凄まじく上がって行くので、おいそれと病院になんか行けません。ここだけの話ですが、私は友人のためにアメリカに行く時は抗生物質や痛み止めを大量に持っていきます。子供が風邪をひいたくらいではとても病院に連れていけないからです。因みに彼らは年収20万ドルクラスの人々なので、まあ日本流に言えば年収2000万円の高給取り。その人々でさえ、この医療保険負担に耐えられず、おいそれと子供を病院に連れていけないという状況なのです。

そしてフードスタンプ（食料費補助の金券）の受給者はすでに4400万人を超え、全人口の13%。これが25%にも達する州がなんと13州もあるというデータまであります。それも地方財政の切迫でどんどん支給制限が厳しくなる一方です。

夢の国アメリカ、状況はとても厳しいのです。

以下、これらの数字をご覧になってどう思われますでしょうか？　また感想などをお聞かせください。

◉参考数字（2011年アメリカ人口統計局データなどより抜粋）

- アメリカの失業者　1300万人
- 年間の犯罪による逮捕者　500万人
- 年間の暴行、レイプなどの犠牲者　130万人
- コカインなどのドラッグの常用者　650万人
- ピストルを保持して通学する学生　13万人
- 銃器による負傷者　8万5000人（うち、3万8000人は死亡。これはイラク戦争の犠牲者より多い）

●年間に殺害される人　2万3000人
（因みに、日本人の自殺者　年間3万人）

（2011年11月7日発行分）

トヨタは何がいけなかったのか

いきなりですが、トヨタの話題に触れない訳にはいかなくなりました。今後の日本企業のアメリカでの展開に大いに参考になりそうなので取り上げてみましょう。要するに日本企業はアメリカでどうあるべきなのか、ということです。この問題が起きた時もブログ上に数々のコメントを残しているので、そちらも参考にして頂ければ幸いです（「ぐっちーさんの金持ちまっしぐら」http://guccipost.co.jp/blog/）。

基本的にワタクシの場合は、このトヨタ問題、起こるべくして起きた、という見方をしており、アメリカにおけるまずい戦略の一つの例として考えるべきだと思っております。ただしその後のクリアー、というか対応策は例の公聴会を含め慎重かつ見事だったとも思っています。

アメリカのジャーナリズムも冷静さを取り戻したようで、ワシントン・ポスト紙は2月9日付けの社説で、米議会の公聴会を、大局観や自制心を欠き、真相究明につながらなかったと、過剰なトヨタたたきに終始したことを批判しています。

まずこういう記事がワシントン・ポストあたりに出てくるところは実にアメリカらしく、議会を痛烈に非難しています。実際に読んでみますと、要するによくわからなかったくせに（技術的なことであるとか専門的なこと）、ろくに調査もしないでロビイングの赴くままにトヨタたたきに終始した議員連中にあほか、と言っている訳です。

この事件が起きた当初、私は全米最強と言われたトヨタのロビイングがどうして力を発揮しないのか不思議でなりませんでした。あれよあれよという間に議会で非難の的になってしまった。その後ご存じのように被害者そのものがねつ造されていたという相当杜撰なケースなどが露呈し、そもそも事故そのものが胡散臭いという話ですよね。ヒラリー・クリントンがまだアーカンソーでうろうろしている時でさえ、彼女の将来を見込んでしっかりロビイングの対象にまでしていたトヨタにしてはこの脇の甘さはなんだろう、と思った訳です。

まあ、その後必死に巻き返す訳ですが、おそらくは……すでに倒産するようなＧＭ（及びデトロイト勢）にそれほどの力はあるまいと舐めてかかった（そういうレポートを社内で認めてしまった）ということではないでしょうか。もしそうだとすると、やはりアメリカを舐めると大変なことになるという教訓にするべきでしょう。

更に言うと、そのＧＭです。あの時たとえ１００億ドル（要するに1兆円。年商20兆円のトヨタにしてみれば「はした金」でしょう）でもＧＭ救済または新生ＧＭに資本拠出をしていたら……と思うのです。悪く言えばアメリカの世論を金で買う訳ですが、モルガン・スタンレーの倒産危機でポンと90億ドル（「ポン」と言っても「たった……」と言ってもいいかもしれません）を出した三菱銀行にその後何が起きたかを見れば、その違いは歴然としているのではないでしょうか。これを機会にあっという間にマネロンがらみの訴訟を取り下げられ、むしろ逆にアメリカ政府の金融機関救済を引っ張り出し、大統領からも謝辞が飛び出し、モルガン・スタンレーの社長室には未だに当時の小切手のコピーが飾ってある――ということが何を物語っているのか。

あくまでも私見ですが、三菱はこの90億ドルの価値をよく考えた訳です。アメリカのブルーブラッド（純血）の最右翼であるモルガン・スタンレー（注：ＪＰモルガンではありません!!）の救済に回ることの重大性を判断できる「誰か」と「何か」があったのです。これは元来トヨタがやるべきものだったし、トヨタのあの強力ロビイング部隊がなぜこれを見逃したのか、私は今でも不思議でならないのです。

そして教訓があるとすると、これはトヨタ以外の会社にも十分に起こり得ることだということです。今後展開される様々な新たな技術上の事故、損失、そこから引き起こされる社会問題について、日本企業が振り回されることのないように対処しなければならないのです。

日本製ジェット機や原子力発電所、Ｈ２Ｓロケットも、もしかすると新幹線もアメリカに進出するのはそれなりに価値があるのだと思います。しかし万が一、人命にかかわる事故が起きた時に――縁起でもありませんが、飛行機が墜落したとか新幹線が事故で大破したとかが起きた時に

――この「訳のわからん」アメリカ議会を相手に「技術的問題が無かった」ということを証明するのは、トヨタ問題で明らかなように至難の業なのです。

三菱の金融業でのマネロンなど、ハナから言いがかりのようなもんですし、あんただってやってるだろう、と証明することは意外に簡単です（私の専門分野だからかもしれませんが、実際にはるかに簡単だと思います）。しかし、今回のトヨタ事件は技術問題を取り扱う議会（言うなればしろーと相手）での証明、クリアランスの難しさを物語っています。むしろあのトヨタでさえやられた――と見る必要があるのかもしれません。

だからアメリカに進出するのは危険なのだ――といったナイーブな議論にくみする気はないのですが、その点準備が整っている日本企業はどれだけあるのだろう、と考えると心もとないのも事実で、前のめりになって受注だけを目指して行った時に、新幹線にしても原発にしても大変なリスクを抱えることになってしまう、と心配する訳ですね。

ではどうすればいいか。これに対しリスクを避けようと、弁護士に何十億円（何百億円？）も払い、百科事典のような契約書を作り自己満足に陥っていたソニーがあちこちで訴訟まみれになっている事実でもわかるように、法律的解決は実は無理なのです。殺人でさえ無罪にしてしまう極めて特異なアメリカの法廷という場所で、アメリカ人相手に日本人が戦ってフェアな結果を得るのはハナからムリであり、それを目指した、つまり「法律的ストラテジー」で自らを防衛しようとしたソニーはそもそもアメリカがわかっていない、というか、悪いアメリカ人にだまされたのかもしれませんが、そういうことがわかってる人が社内にいないのがミエミエです（三菱の対比で特にそう思われます）。

やり方としては三菱方式——つまり何があってもおれはお前を助けるぞ、という極めて「浪花節的」なやり方が実はアメリカでは有効だということなのです。あるいは同じく浪花節的に「ひたすら低姿勢に徹し、頭を垂れ続けたトヨタ方式」という言い方もあるかもしれません。小泉首相がなぜあれだけ支持されたか考えてみてください。

NATO諸国からもNOを突き付けられたイラク問題で、アメリカが世界中から袋叩きにあっている時に、小泉首相がたった一言“Stand by”と言ったことで、日本がアメリカの「そばにりそう」形を取ったのです。一般的にアメリカ人はこういう恩義に対して大変律儀です。その後の日米関係はご承知の通りで、今から思い出すと不思議なくらいですね。

少なくとも彼らは、中国政府が発言したように「私を大家さんと呼んでください」と言われたら頭に来る連中ですが、肝心な時の恩を忘れないこともアメリカの良き伝統の一つです。俗な言い方をすれば、カウボーイスピリットと呼んでもいいかもしれません。

所詮、国と国が四つに組んで土俵の真ん中でまわしを引きつけ合って投げ合う四つ相撲——というような関係に日米関係はそもそもない訳です。そうなれば国または企業としての進出の仕方にもおのずから方法があり、私はこの「小泉方式」が一番日本人にも馴染みやすく効果も高いと経験上申し上げることができます。

ただしこの方法、誰を相手に選ぶか、がまさにキーポイントで信じてはいけない相手を信じた場合に何が起こるかは、恋愛や結婚と同じことです。そのために長年かけて相手（当事者）を観察するという泥臭い行為が重要になり、その点で何十年も、企業としての歴史で見れば１００年以上も観察期間があった三菱は幸運だったと言えるのかもしれません。そういう意味では、三菱の出資はアメリカにおける日本企業のアプローチとしては近来まれに見る成功と言えるのではないか、と思っており大いに参考にできるビジネスモデルです。

（注：著者は敢えて三菱銀行と表現しております。本当の銀行名は承知しておりますが、それが著者の意図でございます）

（２０１１年2月14日発行分）

中国のビジネスモデルは「踏み倒し」である

実は中国は昨年からアメリカ国債、エージェンシー（ＦＮＭＡ、ＦＨＬＢなどのアメリカの公的機関債――QUASI SOVEREIGN と呼んでいます）をしこしこ売っていて、いつの間にか保有残高ではまたまた日本が1位になったというニュース――は日本でもかなり取り上げられたと思います。実際こちらでも大変なニュースになりました。

ワタクシの多くの友人のアメリカ人からは
〈Thanks to JAPAN!〉

とからかわれておりますが、実際彼らの反応は思った以上にヴィヴィッドでした。一言で言いますと、「中国はやっぱり信じられない」という「想い」です。

当地（シアトル）は太平洋に面しているだけあって、1998年あたりから第二次中国ブームが起きており、水産業、林業、金融業などを含め、ありとあらゆる産業がここを起点にして中国ビジネスに乗り込みました（いわゆる西海岸、ロスアンジェルス、サンフランシスコなどほぼ似たような状況だったはずです）。

しかし結果は実に悲惨でした。

3年前に私のブログで中国最大のビジネスモデルは「踏み倒し」である――と書いて各方面からえらく怒られたことがあるのですが、しかしそれはどう見ても事実で、要するに契約書があろうとなかろうと何かにつけて難癖をつけて払わない――というのが中国ビジネスの真髄です。

ご経験された方もこのメルマガの読者なら多いのではないでしょうか？

いざ裁判しようにも民主国家ではありませんし、国がすべてを決定してしまうと裁判所もへったくれもなく（要するに三権分立が無い訳ですね）、払わないと国がお墨付きを与えればそれまでな訳です。

日本企業で中国で本当に儲かった企業はゼロと言われるのはここに理由があるのです。

唯一中国人とパートナーを組み中国の企業として参入していた連中が本当にわずかに成功していたり、実際これは相当裏話ですが、日本ではコマツ（あのブルドーザーのコマツですね）だけが上場企業で唯一中国市場で利益をあげた企業だと言われます。

コマツはブルドーザーを輸出するのですが、中国人は頭金だけ払ってそのままブルドーザーに乗って逃げてしまう訳です。

現在でも日本メーカーはこの「乗り逃げ」に苦心しており、もちろん回収すべく現地のファイナンス会社と契約している訳ですが、きちんとしたファイナンス契約を結んだとしても結局逃げられてしまえばどうしようもなく、裁判を起こしたとしても中国人弁護士はほとんどグルですし、裁判所もまともに取り合ってくれません。

要するに法治国家ではないのです。

結局弁護士費用で1000万円、取り立て金額が1000万円であれば、取り立て債権の1000万円はあきらめた方が早い、というような結末になって大半の日本企業が取りっぱぐれる訳です。

ではコマツは何をやったか??

GPSコントロール——サービスでGPSを取り付ける——という手段を考えついたのです。

GPSですから頭金だけで乗り逃げてもどこにいるかは衛星ですぐ追いかけられます。

更に、コマツがすごかったのは世界中どこからでもGPSコントロールでブルドーザーのエンジンを遠隔操作することを思いついたことです。つまり乗り逃げて金を払ってない顧客のブルドーザーはコマツが本社のコントロールセンターでブルドーザーを止めてしまう、ということを考えついたのですね。

コマツが中国で「唯一稼いだ企業」と言われるのはこのやり方のためなのです。

余談ですが、このやり方には「余禄」がありまして、この方法で結局あの広い中国全土できちんとブルドーザーの代金を払って建設をしている、本当にリアルに経済が活発な場所がどこかということが完璧に把握できる訳です。

ブルドーザーを何百台買ったとしても乗り逃げ目的で転売をもくろんで買うのであれば、その地域の景気（建設事業）がいいとは言い切れない面がありますよね。しかし、コマツのこのシステムであればリアルタイムで今何台のブルドーザーが実際にエンジンをかけているか——が把握できる訳です。つまり本当にどこのブルドーザーが何台動いていてどのくらいの稼働をしているかというリアルデータが入手できるので、このデータが何百倍もの価値を生んで実際にとんでもない価格で売られるようになったというのです。

本当の中国経済の姿を把握できる素晴らしいシステムですね。

コマツの成功物語はここでは本題ではないのですが、要するにこうしないと儲からないという典型的な中国ビジネスモデルであると言えるでしょう。

さて本題に戻ります。

たくさんのアメリカ企業が結局大多数の日本企業と同じ目にあってしまったのです。

彼らにも落ち度があります。

いろいろインタビューしてみると、所詮日本と同じようなもんだろう、と信じ切っていた面は否めません。

また、中国人も日本人を相手にするよりははるかに注意深くアメリカ人と接するのは事実です。

渤海湾に近いある省――立派な地方自治体の地方債務（日本でいうと地方債券で、まあ青森県債とか岩手県債ですね）が１９８０～１９９０年代に返済不能に陥った時にはもめにもめてドル建て、ユーロ建ては１００％返済したのですが、サムライ債といって１００％日本で円で調達した債券だけを踏み倒すというとんでもない事態が発生しました。

個別企業でも日本円は返済しないが、ＵＳドルとユーロは返済する、などという事態が発生するのは日常茶飯事です。

しかし、そんな日本企業より優遇されたアメリカ企業でさえ数多くの踏み倒しにあい、コストの問題で裁判をする訳にもいかず、ミサイルを撃ち込む訳にもいかないし――という状態で涙をのむ――という事態が次々と発生したのです。

もちろんコカ・コーラ、ＧＭ、ナイキクラスの企業になれば至れり尽くせりですが、そんな企業ばかりが中国に進出する訳ではありません。

そういうコンテクストで理解して頂くと「グーグル事件」の背景が多少はご理解頂けるのではないでしょうか。

あれだけ広い中国市場をみすみす捨てるほどグーグルも馬鹿ではありません。しかし、いざ、中国の事情で何か事が起きたらそれはもう法律でも商習慣でも止められず、ジェントルマンシップも全く不在なので何事も止められないのですから、警戒するのは当然ですね。

日本やその他ヨーロッパの国であれば「おまえは卑怯だろ」というようなメンタリティーに訴えることも可能でしょうし、いいか悪いかは別としてソニー、任天堂などもそういうロジックで言いがかりに近いような裁判でさえ和解させてきた経験がありますが、それはある種の「フレンドシップ」ですね。

ここで払ってもあとで取り返せる、という考え方とも取れます。

しかし中国は全く違います。法治国家ではなく、一党独裁国家なのでそういったことはおかまいなしである——ということがアメリカ人のビジネスマンの間でもかなり浸透してきたという訳です。

◆

今回のアメリカ国債の売却プロセスも実に見事で、ドルに自国通貨をペッグさせている中国が自らの首を絞める可能性のある行為——すなわちドルアセットの売却——を簡単に進めるとは大多数のアメリカ人は思っていなかったのですが、その期待は見事に裏切られました。

ガイトナー財務長官は面目マル潰れ、と言っていいのではないでしょうか。いくら中国語はバイリンガルでも中国人リスクに関してはシロート同然だった、ということです。

そして改めて「チャイナリスク」という言葉をアメリカ人が意識して使い始めたのです。

彼らから見れば中国も日本もあまり変わらず、「同じアジアの一部」くらいの感覚で入ってきた訳ですが今になってようやくこれは違う、ということに気がついた訳ですね。

そしてここから先が問題なのです。

日本はアメリカよりはるかに先行して1980年代に大挙して中国に販路を求めました。日中国交回復もあり、ものすごい資金を投資して「溶かした」経験がある訳です。

今こそこのノウハウをアメリカに伝えることが本当に大事なことだと思います。GMにおけるトヨタの二の舞をしないように、おれたちはこんなにやられちまったんだけど、お前も気をつけろよ、というノウハウの開示をすればアメリカの企業から感謝されることは間違いないのです。

元来は私が在籍していた丸紅などがやる仕事だと思うのですが、商社のプレゼンスがどんどん低くなっている当地ではその仕事がこなせるのかどうか、全く心配です。

因みに日本企業がこれだけプレゼンスの薄くなったシアトルに未だに「シアトル領事館」が存在し、クィーンアンという超高級住宅街から海を見下ろす素晴らしいロケーションにその領事館はあります。

アメリカ大使がいるのになぜ「シアトル領事」が必要なのか全く意味不明ですが、現地では日本企業の投資で最大の成功はこの領事館の投資だと言われています（笑）。

正直シアトルで外務省は何をやっているんでしょうか??

この領事館を見ると大多数の皆様は怒りがこみ上げてくるでしょう。

おれの税金でお前ら何やってんだ!!　という訳です。

現地のアメリカ人でさえシアトル領事の存在を不思議がっているのですが、このあたりは民主党政権になったのですから改めてお考えになった方がよろしいでしょう。あれを売れば子ども手当の財源くらいはすぐ出ます――というくらいすごい建物なんですから。ここは鈴木宗男さんの出番かもしれませんが（笑）。

今更シアトルに領事館をおく必要性はもはや全くないと思うのですが如何ですか？

（２０１０年3月15日発行分）

ＱＥ3は単なる景気発動ではない

これはブログでもちらっと書きましたが改めて詳しく補足しておきます。

テレビ、新聞では相も変わらず、昨日のダウなどしか放送しませんし、ニューヨークからの解説も株がらみばかりです。今日のアメリカ国債はどうでしたか、などという問いはＮＨＫですら見られません。テレビに出てくる現地駐在員もいわゆる「株屋さん」ばかりで、米国債トレーダーとか出てきて金利動向を詳しく解説する――なんてシーンは皆無です。

でも勘違いしないでください。

株価は個々の企業の企業業績の結果といくらかの予測に基づいて動きます。

アメリカ中がマクロ的に大不況でも(例えば失業率が20%、GDPがマイナス3%とかになっても)儲かる会社は必ずある訳で、その会社の株は上がります。その会社の株がたまたま大型株であれば、ダウ、ナスダックなどの指標も必要以上に上がります。

要するに株は経済のミクロの動きしか表さないのです。それをあたかもアメリカ経済全体を表すかのように扱うこと自体、大間違いなのです。血圧を測ってがんの診断ができますか? ということです。

ですから、当然ですが、株価がどうなろうとも、ダウ指数が上がろうが下がろうが、そんなことが連銀の政策目標になるはずもない(参考資料程度にはするでしょうが……)。最近の株価の安定で連銀がQE3を見送ったと堂々と書いているナントカ経済新聞がありましたが、彼らにはミクロ・マクロ経済の違いすらわかっていないのです。

FRBは中央銀行ですから国の金融市場を監視し、円滑なマネーの流れを担保し、ドルの価値を毀損させないことが唯一最大の目標であって、それは日銀も同じです。いちいち個別の企業業績がその政策目標になることなどあり得ません。

ということで、唯一彼らのコンサーンがあるとするとアメリカの金利動向を左右する国債市場ということになります。日本の経済紙、経済番組はこのアメリカ国債の動きをもっと詳細にレポートする必要があるのです。

さて、そのアメリカ国債は幸いなことに史上最低の金利に安定しており、ひところ日本の金利は低すぎる、と批判したアメリカの著名経済学者を沈黙に追い込みました。クルーグマン先生は「彼らは日本に謝るべきだ」と言っていて、実はその1人にバーナンキ議長も含まれます。

こんな低金利が長く続き、その結果として雇用も、住宅投資も、企業活動も回復しないなどとは想像もしていなかった。回復しない日本は特別な例だ、ヘリコプターで金をまけ、とまで言っていた人な訳ですが、今になって公式に謝罪しています。「我々は未知のゾーンにはいったようで、どうやら唯一の経験者は日本だけのようだ」と発言しました。今のアメリカでヘリコプターで金をまいたところでどうしようもないことをご自分で体験して、わかった訳です。白川総裁には本当に謝るべきだと思います（笑）。

ということでバーナンキ議長の伝家の宝刀、QE3はアメリカ国債が急落し、金利が急騰し、すべての関連金利、すなわち住宅ローン、企業ローン、消費者ローンの金利が急上昇した時にそれを防ぐための最終兵器として今は温存されている訳です。米国債の金利が上昇に転じた時点ですぐにも発動することは間違いありません。

実はもっと言うと、この作戦の裏にはアメリカの経常赤字の問題があります。

日本がギリシアになるなどとはよく言ったもんだ、不勉強にもほどがあります。なるとすると、むしろアメリカの方がよほど危ない。軍事力など、そういった通貨全体の信任からすればまた別ですが、少なくとも収支という観点で見ると、数字上はかなり際どい。

慢性的な「双子の赤字」の上に立っており、経常収益は常に赤字。

経常収支ランキングでは世界第183位というテイタラク。因みに173位がギリシアで、スペイン、イタリアなどすべてその下。で、更にその下がアメリカという具合です。これが本当の倒産予備軍ランキング。

しかし、世界の基軸通貨という地位により、ドルの需要が落ちることは今のところないのです。稼ぎまくった国、つまり経常収支黒字国のその蓄えは基軸通貨であるドルで蓄えられるからです。そしてこのユーロ危機で蓄えをユーロで貯めておくことが極めて危険だということがわかり、ますますドルの需要（円の需要も）が高まった、という結果になった訳です。

しかし、本当にその蓄え、つまり各国の外貨準備はいつまでもドルで保有されるものなのでしょうか？

興味深いデータを出します。2011年、各国の外貨準備高とそのうちの米国債保有残高です。表①のようになりまして、なかなか興味深いデータがそろいました。

まず、中国の保有する米国債は思ったより多い。台湾は別としても香港を合わせたオールチャイナで見るとちょうど日本の外貨準備総額と同じ金額だけ米国債を保有していることがわかりま

（単位：10億ドル）

	外貨準備高	その比率	米国債残高	その準備高に占める比率
1 中国	2,447.1	30.3%	895.2	36%
2 日本	1,046.8	13.9%	784.9	74%
3 ロシア	458.2	5.7%	120.1	26%
4 サウジ	410.1	5.1%	不明	—
5 台湾	357.6	4.4%	124.8	34%
6 インド	273.4	3.4%	32.0	11%
7 韓国	270.2	3.3%	40.0	15%
8 香港	259.2	3.2%	150.9	58%
9 ブラジル	249.5	3.1%	164.5	65%
10 シンガポール	203.4	2.5%	45.5	22%

表①▶各国の外貨準備高とそのうちの米国債保有残高

出所）各所データより著者作成

す。これは「驚異」であり「脅威」でもあります。

日本の対米追随ぶりはすさまじく、ほとんどドルで持っていることに加え、更に70％以上を米国債で保有するという「忠犬」ぶり。まさにハチ公です。

しかしハチが持っている保有高はすでにオールチャイナに抜かれており、いざ彼らが売りに出したら……とても日本単独では止められないかもしれません。

そうなるとアメリカと束になってかかって止める……すなわちＱＥ３の発動ということになるのです。

つまりＱＥ３を単なる景気対策という文脈でとらえてはいけません。これはいざという時にアメリカ国債市場が第二の欧州市場にならないための虎の子なのです。逆に言えばアメリカ国債市場を奈落の底に落とすだけの力をすでに中国は保有してしまった、ということも言え、その文脈上、つまり安全保障上の文脈にＱＥ３がある、ということを忘れてはいけません。

このように世界のマクロ経済上のほぼすべてのことはアメリカ国債の動きを観察していればわかるといっても過言ではありません。相変わらずダウばかり追いかけている連中は無視して読者の皆様はぜひ米国債を観察する習慣を身につけてください。

実際はここ数日の米国債市場は順調に金利が低下していますが、怪しい売り物も姿を現しており、ＱＥ３を緊急的に発動する可能性は捨てきれません。

こういった中国勢からの売り物を事前に阻止するという名目で8月1日のＦＯＭＣ（米連邦公開市場委員会）で発動する可能性も高いですね。

これまでＱＥ３に懐疑的だったアトランタ、クリーブランドの連銀総裁がだいぶＱＥ３に傾いているという報道もあるので、意外と早く実行に移すかもしれません。米国債市場はかなり脆弱になりつつあることをＦＲＢは認識しているはずだ——と私は勘ぐっています。

（２０１２年7月23日）

第2章

中国経済編

経済のスローダウンは本物、バブル崩壊は近い！

チャイナリスクの本質を見る

今回の一連のトラブル、そして中国でビジネスをすることを考える上では何はともあれまず、中国人と中国人の国家観をよく知ることが大事だと思われます。それなくしては中国及びそこで起きることはなかなか理解できないのではないでしょうか。

尖閣諸島が問題になっている今、彼らの国家観についてわかりやすい比較を出しましょう。これは私が日米中で20年にわたりビジネスをやってきたノウハウの一端でもありますぞ（笑）。

まずアメリカ人。

これは簡単におわかりのように、彼らは今ある領土をすべて自分たちの手で領地とした。あの西部劇の世界ですね。良し悪しはここでは議論しませんが、とにかく自らの手で領土を得て、しかもそこはとんでもない荒地でありました。そこを根性をすえて開拓して、今の豊かなアメリカ合衆国を作った、という自負があります。しかも歴史が浅いので、十分口述伝承が可能な範囲でして、おじいさん、ひいおじいさんなどの身近な歴史、言い伝えが各人・各家庭の中に根付いています。

例えば、ニューヨークに行くと、イタリア系の移民の子供たちは今でもマンハッタンの町はほとんど俺たちの祖先が作ったんだぜ、と自慢げに言う訳です（ニューヨークのあるマンハッタン開発にはイタリア系移民が多数労働者として投入され、彼らの「口入れ屋」としてマフィアも一緒にやってきました。まさにゴッドファーザーの世界ですな）。

その意味で国（自分たちの領土）を守る、という意識は強烈で、自分たちが得て、開拓した土地に手を出すことは許さん、という気持ちはすさまじいものがあります。ですからそれは9・11後の一連の行動を見ても明らかで、ちょっとでも怪しいとなれば、さしたる検証もなしにイラク進攻などに及び、つい過激になって判断力を失う、というマイナス面はありますが、逆に言えば昨日までマリファナを吸ってふらふらしてたアンちゃんでもいざ国難、アメリカを守るのだ、という旗印が出た途端にマリファナをやめて軍隊に入る、なんて冗談みたいなことが平気で起きる国です。ある意味とてもわかりやすい。だから彼らの行動原理に理解を示し、こちらも同様に命をはるぞ、と言えばこれは無二の親友になる可能性があります。小泉さんは見事にここをおさえた訳ですね。

さて、日本人はどうですか。

一言で言うと日本人は生まれてこの方、日本という国が存在することが当たり前だ、と思っています。元寇も神風でどっか行っちゃったし、長年にわたり一切侵略されたことがなく、唯一占領したアメリカも日本から何かをむしり取る、というより対共産圏のフロントエンドとして早く一人前にして橋頭堡にすることを優先したため、ある意味「甘やかした」。だから日本人にとっては日本という国家は平安時代からずーっとぼんやり存在するものであって、何となく、何もしなくても空気のように存在するものだ、と感じている人が多いために、国を守るという意識、その方法論に関して極めてあいまいな考えを持っていると言えます。

軍事力を保有することに反対するということは立派な思想ですが、そこにはいくら占領されても蹂躙されてもかまわない、それでも非暴力を貫くのだ、というすさまじい決意が必要なはずです。それは大変素晴らしい思想だと思いますが、しかし実際そういう人と話してみると、そうは考えておらず、丸腰の国に攻めてくるばかはいない、と考える人の好さですから、大した覚悟がある訳でもないのです。偽物の非暴力主義と考えてもいいかもしれません。良くも悪くもそれが日本人。国が無くなって誰かに占領され奴隷にされる、なんて想像もしていない訳です。なんとなく、そんなことは起きないと信じているフシがある。これは世界から見ると良し悪しは別にしてとてもエキゾチックな発想です。

そして中国人。

考えればすぐわかることですが、この人たちはおそらく世界で最先端のコスモポリタンです。逆に言うと、国家というものを全く信用していない人々、と言い換えてもいいかもしれない。世界中に華僑や客家《はっか》が住んでいて、どこに行ってもチャイナタウンがある国、なんて中国以外にありますか？　世界中にはリトル東京なんてありませんし、リトルコリアだって限られた町にしかありませんが、チャイナタウンだけはそれこそ欧州にもどこにでもある。

その意味するところは中国人という人々にはあの４０００年にわたる歴史の教訓として国は人

民を裏切るものだ、という考え方が染みついているのです。この話はメルマガでも何回も書いてきましたね。

私のパートナーの中国人は面白がるのですが、だから中国人には愛国教育が必要なんだよ、ということなのだそうです。理由は反日でも何でもよく、徹底的に愛国教育をしないと普通の中国人は儲かればいい、と思っているので国のことなんて誰も考えないよ、と言うのですから笑えます。

でも本当ですね、これは。彼らは国がどうなろうと自分と自分の家族が生き延びることの方がはるかに大切なんだ、と心底から考えています。そう理解すると、この暴動の最中でも、あちこちで「お前危ないから俺の家に来い」と声をかけられた中国在住の日本人がたくさんいる、という話も理解できますね。「国」よりも「人」なのです。

この点彼らの国家観はかなり正しいかもしれない、ということが（つまり国など国民のことをこれっぽっちも考えておらず、まして守ることはない）今回の原発事故問題であからさまになったとも言えるでしょう。パニックを恐れ、ＳＰＥＥＤＩのデータ発表を躊躇したために放射能濃度の高い方向へ避難してしまった人が多数出てしまったのですから。

そして、拙著にも書いたように実際資産1億円以上の在中国の中国人はなんと80％が中国を出たいと考えていて、そのうち50％はすでに手続きをしている、というのですよ。

日本にそんな人いませんよね。実際は20年くらい前から日本はだめだ、と日本を見捨てて中国人のように海外に出て行って暮らしていれば、まさに藤巻先生のおっしゃるように今ごろ資本逃避によって超円安かつ国債の金利は5%くらいだったでしょう。しかし日本人にとっては日本があるのが空気のように当たり前なので、この国にいることのリスク、という考え自体が良し悪しを別にして存在しません。

となると今の中国における反日運動が何かということが見えてきます。

実は誰も中国という国を信じていない。その上で反日と言ってデモが起きるのはそれはとりもなおさず、現状に不満を持っているからに他ならない。そして更に言うと、実際にそれなりに成功して、ビジネスをきちんとやっている中国人は今回のデモのような出来事からは遠く離れている、のです。

チャイナリスクというのはこういう事情を100%理解してからでないと吸収しきれないということです。中国人が国を信じていないのに、カウンターパートでしかない日本人が中国という国を信じてまともに相手にしても仕方ない、ということですよね。

ですから必然的に、ビジネスのカウンターパートはあくまでも中国人、その人であるべきで、中国という国家ではないのです。日本というカウンターパートがしばしば外務省であったり、経産省によって代表され得るのとは180度違うのです。

ですから中国人（アメリカ在住ならなおよろしい）に投資をするのは間違っていませんが、中国という国に投資をするのは間違いなのです。これは何度も申し上げている通りで、中国人に投資をして、そのお金はアメリカに置いておいて、中国国内の面倒なことは信頼できる彼らに任せて、こちらは手数料だけを頂く、というのが中国ビジネスの正しいやり方です。

もちろんショバを使わせて頂くのでそれなりの投資をしなければならない局面もあるでしょう。それは必要最低限にして、まあ、捨て金と承知せねばなりません。

実際には悲しいことに多くの日本企業が合弁会社を作ってしまいます。これは自らも出資する訳ですが、儲かり始めると途端に法律を変えて中国人が90％株式を持っていないと閉鎖する、なんて法律になってしまいます。何度もこういうことがあったにもかかわらず、中国は変わったなんていう伊藤忠商事や丸紅（私の出身母体ですが……（笑））に騙されて、性懲りもなく中国に投資をする日本人が後を絶たないのはビジネスマンとしては大変残念なことです。

中国人とビジネスをすることには全く問題ないのですが、彼らですら信じていない中国共産党政権という国家権力と交渉すること自体が間違っている、と言えるかもしれません。

（２０１２年10月１日発行分）

日中経済戦争に突入すれば……

さて現実的に日中経済関係は本当のところ、どうなんでしょうか？

日中経済戦争なんてことがあるんでしょうかね？

すでにビザの発行を何も言わずに延期したり、通関で全量検査をしたり、港があいていないといって日本からの輸入品を沖止めにするなどの中国側の違法行為が報告されています。

慎重に検証する必要がありますが、もし本当ならこれは完全にＷＴＯのルール違反です。提訴されたらひとたまりもないのは中国側ですね。

中国が日本を狙い撃ちして経済制裁的なことをしたらどうなるでしょうか。日本は潰れてしまう……のでしょうか？

こういう時はまず直感。

皆様、自分自身の生活を見てみましょう。

中国からどうしても買わなければ生活が立ち行かないものがどれだけあるか、まず数えてみましょうか。ユニクロ、パソコンなど確かにメードインチャイナだけれど、他の国では作れない……というものではありませんね。安いからまあ、いいか、程度のものばかりで、つまり代替可能なものばかりということ。

私はふかひれ、アワビなどの中華料理が大好きなので、これはマイッタ、と一瞬思ったのですが、考えてみればこれらの原材料はすべてメードインジャパン（特に高級品）だった。優秀な中国人のコックさんは大量に日本にいるので困らない。

漢方薬は困るかもしれないが、あれはほとんど香港から入ってきている。彼ら「先進中国人」

である香港人は金がすべてなので金さえ払えば手に入るに違いありません（笑）。

ということで中国製品がなければ生活が立ち行かないという事態には一時的には別として、ほとんどならないと思います。もちろん中国で生産した日本メーカーの洋服、パンツなどが品薄になることは考えられ、ユニクロの一つ二つは潰れるかもしれないが、中国がだめでも他でいくらでも作れるものばかりなので国民生活という観点からはあまり危機的状況とは言えない。

本当に困るのはパンダの輸入くらいでしょう。

では、次にこの直感を裏付ける数字はあるかどうか見てみましょう。

前回小泉首相の靖国参拝問題で大騒ぎになった2001年。あの時も日本食レストランが襲われたり大変だった訳ですが、「政冷経熱」という魔法の言葉が登場し平静を保ちました。もちろん政府間交流はしばらく停止しましたけどね。

しかし当時の中国のGDPは日本のGDPのわずか32％に過ぎなかったのです。そして対日貿易量は全体の18％もあった。明らかに中国は日本なしでは立ち行かなかったのですね。中国側の妥協は仕方ありませんでした。

しかし2012年現在、中国のGDPは日本を抜き去り、日本の約1・2倍。対日貿易量は全体の9％にまで下がっている。これだけを見ると日本何するものぞ、中国は日本なしで十分やっていける‼　と本気で中国共産党政府が考えている可能性もあるのです。

日中貿易は輸出入を合わせると27兆円もあり、日本の貿易総額の20％を占めるのでこれが吹っ飛んだら日本経済はひとたまりもないという訳です。これでいくと日本は年間およそ１６００億ドルを中国に輸出していることになります（しかし２０１２年の１~7月は前年比６・６％マイナスの８６４億ドル）。

また、電子部品輸出工業会によると電子部品の２０１１年の輸出総額は８３２０億円、全輸出の40％が中国向けで、工作機械は受注総額の20％程度が中国由来だと言われるそうです。

しかし、いつも言っているようにオールジャパンの輸出依存度はわずか15％しかありません。これをすべて中国向けと仮定しても（そんなことはあり得ないが）、せいぜいＧＤＰの15％の話をしているということを忘れてはいけません。中国に生産基地を移してしまった企業にとっては死活問題ですが、日本全体から見たら大した話ではない。

実際には先程の逆、つまり中国が日本から何を買っているのか、ということを考えることが重要でしょう。

全体の数字で見ると中国の輸入額1兆７４３４億ドル（２０１１年）のうち日本からは11・2％を輸入しておりシェアはまだＮｏ．1です。そしてこれだけではなく、このほかに2位韓国9・３％、3位台湾7・２％となりますが、これらもすべて資本財関連でそれらはすべて日本製の部品を加工したものです。特に台湾経由では高級品がいわゆる三角貿易で中国に輸出されていることが知られており、そうなるとこれらの合計27・7％、つまり30％近くが日本からの輸入で、悪いことに中国はそれらを組み合わせて輸出して外貨を稼いでいるという状況なのです。

これは図らずも例の震災の時にその構図がはっきりしました。日本からの輸入が止まってみると日本から部品が来ず、中国が国内で組み立てる最終製品が組み立てられず、中国の輸出まで減ってしまった訳ですね。この時中国は必死に代替先を探しましたが、結局日本製品に代わるものは見つからなかったのです。

というのもシリコンウエハーなどの半導体を作るのに必須の原材料は日本の世界シェアが60％、カラーフィルターなどの液晶スクリーンに不可欠の原材料に至っては世界シェアが70％もあり、そういう原材料はそれこそ枚挙にいとまがない。労働賃金の上昇により、中国が必死になって取り付けている自動化ロボットなど100％日本製品です。

しかもこれらは完全に受注生産なので、いざなくなったらおいそれと代替がきかないものばかりなのですね。

更に見てみると、中国に進出している日本企業は2万社以上、それらが1000万人以上の雇用を生み出している。これらが急にいなくなった時にあの暴動に参加しているような労働者の受け入れ先をどうするつもりなんでしょうか。

更に先程申し上げたような貿易制限行為はすべてWTOのルールに抵触します。中国もWTO加盟国なので、中国がこれをやると制裁として世界中の国から貿易制限を受ける、ということになりかねません。

中国が日本に対して強気で来たとしても、自動的に世界中のWTO加盟国から包囲されてしまいます。

原油、天然ガスなど世界中の国にとってクリティカルな資源を輸出している訳ではない中国にとってこのマイナスは計り知れません。ＷＴＯに参加する世界の国が中国製品の輸入をストップする可能性まであるのですから。

レアアースの問題を指摘する人もいますが、皮肉なことにすでに前回のレアアース禁輸問題で、世界中の国が協力して相互供給体制をほぼ作り上げてしまった。日本はカナダ、カザフスタンなどと協力をして何とか供給先を確保した状況です。

日本製品不買運動はどうでしょう。

一般庶民が使うような汎用品はすでに大多数が安い中国製品になっており、日本製はすでに高付加価値商品、つまり資生堂の化粧品、ファンケルの栄養剤などが主力商品で、こういったものを購入するレベルの中国人は先程来申し上げているように、共産党政権に対するシンパシーが極めて低いため、彼らの需要が動ずることは全くないでしょう。むしろ過激な対日制裁を下す、という中国共産党の権力の使い方を見て、いずれそれが富裕層に向いた時の恐怖感を増幅させているだけではないか、というのが彼らとビジネスを一緒にしている私の感想です。

ますます彼らの国外への脱出が増えるだけでしょう。

日本に制裁を科せば科すほどこの富裕層はその権力が自分たちに向くことを恐れ、国外流出が続くことになるんですよ。そうなれば、世界最大の市場になるといってもそれは「雑貨的物質」

の世界最大の市場なのであって、本当に付加価値のある宝石のようなものの市場としては徐々に魅力を失っていくでしょう。本当にお金のある中国人のお得意様は中国国内におらず、みんなカナダ、アメリカ、シンガポールなどに住んでいるという話になり、中国からみればそれはまさに本末転倒ですよね。

そして中国は遅くとも2015年にはついに生産人口が減少に転ずることも重要です。あと3年で日本と同じように高齢化が急進展するのです。この3年で日本のように中間所得層が増えることはあり得ず、年金も保険制度も不備のまま、貯蓄不足のまま高齢化社会を迎えるという中国にとっては——そうなっては富裕層が国外脱出して国内はもぬけの殻となり——最悪のシナリオを迎えることになりますね。

反日で労働者のガス抜きをしたいのはやまやまでしょうが、一歩間違えると彼らの不満（性能のいい日本製品が買えない、金持ちのステータスシンボルである資生堂製品が買えないなど）はそのまま共産党政権に跳ね返る可能性が高いのです。

その意味では中国が日本に経済戦争を仕掛けても、困るのはむしろ彼らなのであって、日本は別に何も困らない、ということがわかりますね。更に言えば中国はいざとなるとそういうことをやる国だ、と世界中に悪事を知らしめることになる。いつ自分にその災厄が降りかかるか——と考えますから、世界中の国が中国に対する投資を控えることになります。

シンガポールという中国人国家（客家）が中国に本気で投資をしないことを今一度思い出す必

要がありますね。

実はこの点について言うと日本企業はまたまた初動が遅れました。

２０１１年11月に中国が例によって突然法律を変更し、ありとあらゆる外国人労働者に対して①年金、②医療、③労災、④失業、⑤成育、といった各保険への強制加入を義務付けました。その保険料、一律で収入の40％というとんでもない料率で世界中の企業が頭を抱えました。

医療保険を除けばおそらくすべて外国人が受け取る可能性のない保険ばかりにもかかわらず40％、年収１０００万円の日本人駐在員は４００万円の保険料を中国政府に払え、という法律なんですよ……。

この時点で欧米企業はこれは中国の方針大転換だとして、大きく舵を切りました。これまでは「二免三減」といって2年間免税、3年目から減税、というとんでもない優遇策を外国企業に与え中国への投資を喚起していたのですが、今度は露骨に外国人いじめです。これは、中国人だけで会社の運営をしないなら、全財産を置いてとっとと出ていけ、という意思表示でもありますが、実は経済成長が過熱し、中国企業が成長してきたために、中国企業が労働力を確保できなくなり労働賃金が急上昇したために外国企業を締め出しにかかった、というのが本音です。このまま中国にいてもろくなことにはならん――と考えた欧米企業がいち早く逃げにかかりました。

その結果、２０１２年の対中投資は前年同月比３・８％減。前年は10％増だったくらいで近年初めて海外からの投資が減速、一方日本勢は同期対中投資が18％増となり、なんのことはない、もはや中国で商売は難しい、と判断した欧米勢が大挙して逃げている時に、「あほづら」こいてその分を穴埋めしていたのが日本企業ということです。

彼らが売り逃げする資産を「すっ高値」でつかんでいるのが日本企業だとも言えますね。

ということで欧米勢はすでに大挙して中国から逃げている。

そこから一番逃げ遅れた日本も逃げるとなると、中国経済は大変です。投資する人がいなくなります。

中国の購買力は確かに魅力ですが、それについては実は中国人の富裕層でその種のビジネスに長けている連中と組めば済む話です。彼らの本拠地はカナダ、アメリカなどにある訳ですが、中国人なので中国国内でいくらでも商売できる。我々が投資をしてわざわざ危なっかしい合弁会社のような拠点を作るより彼らに任せてしまった方がはるかに楽、だと言えるのです。

お金儲けに目がない彼らは喜んでその役割を担ってくれます。中国から利益を得るにはこのやり方しかないのです。

つまり中国の経済制裁は、ビジネス的にはいくらでも収拾できますし、結論的には中国共産党政権の一人負け、という結論です。彼らもそこまで頭は悪くないと思いますけど、まあ、次の新しい政権がどう出るか、ちょっと見ものですね。根本的に何かを勘違いしている可能性は捨てきれません。

（2012年10月1日発行分）

すでに曲がり角に来たかもしれない
——中国国内経済

これはかなり専門的なテーマですが、今後の世界経済の動向を占う上では絶対に避けて通れないテーマです。

まず金融面。

こちらは『アエラビジネス（ＡＥＲＡ Ｂ・ｉｚ）』に詳しく書きましたが、もしかすると今年（２０１１年）が中国からの投資元年と後世記憶されるかもしれません。いよいよ中国の元が自由に世界に飛び出すかもしれない……。詳しくはぜひ『ＡＥＲＡ Ｂ・ｉｚ』をお読みください。

一方製造業など物流面。

正直私の本業の方では今、これが最大の取り扱いテーマと言っていいと思います。特に中国シフトを果たした企業にとって（今すごい勢いで儲かっているが）、いつ中国から出ていくべきか——結論から言えば、いわゆる生産設備など、工場を持ちこんだ企業は１日も早く脱出するべきでしょう。労働賃金がすでに高騰しすぎており、熟練労働者の確保は日本より難しいかもしれません。少なくとも、最早安い良質な労働者が潤沢に確保できる市場ではありません。

一方中国の爆発的消費を目当てに進出した小売り関連はどうでしょう……。労働賃金がどんどん上昇していますから元来悪いはずがありませんでした。しかしこれがもしかしたら、もう曲がり角に来ているのかもしれない、としたら大多数の企業は安売り競争に巻きこまれて死滅するしかないでしょう。「恐竜時代」の到来です。

中国は先ごろ今年からの新たな5カ年計画を発表。2011年~2015年、これまでの8%目標を引き下げて年間7%の経済成長を目指すと温家宝首相が発表しました。これ自体はそれほど問題ありません。

あれほどこだわった8%は何だったのか、とは思いますが（笑）。

まずため込んだ黒字は日本以上です（1人あたりは別ですが）。これが今後世界中に投資され、金利収入となって中国を支えることになるはずです。因みに今来ている投資などは、外貨持ち出し制限がかかっている中でのものですから序の口もいいところ。『AERA Biz』に書いたように早晩中国からの元の持ち出し自由化が始まるはず。世界を買いまくる中国があちこちで摩擦を引き起こすはずです。

しかし中国には、日本のようなどんなに高くても買ってもらえるような高度な工業製品——まさに今回のサプライチェーン問題の原因なのですが——はまだありません。

そうなるとすでに1億6000万人いると言われる60歳以上の高齢者（国連は2015年までに2億人を突破すると見ている）を誰が養うのか、という日本でも困難な問題にここ数年で直面する可能性が極めて高いのです。金利収入（経常黒字）だけで食べていくにはまだまだ時間が足りません。

どうあがいても物が売れなくなった日本の90年代がもうすぐそこに来ているとすれば——そう、1日も早く撤退戦を始めねばなりません。

小売り統計（信頼できる日本企業の売上統計など）を見ていると実際の売り上げの中心は上海や北京ではなく、すでに成都などの内陸部に移りつつあるようです。

実際、上海などは言ってみればもうすでに東京並みで、これ以上本当に消費余地があるのかどうか、ちょっと考えてみる必要があるかもしれません。富裕層向けの一部商品を除けば、これまでのように何でも売れる時代はすでに「曲がり角」に来ている可能性まであるのです。

人口動態というのは目立ちませんが、日本でそうだったように大きな流れのようなものでそれに抗うのはなかなか大変です。

すでに完売しているのに人が住んでいない上海のマンションを見るたびに、このマンションに住む人が今後出てくるのだろうか、やはりこれはバブルではないのか、と考えていたところに出てきた国連統計だったので我々の度肝を抜いた、と言っても過言ではありません。

この意外に早い曲がり角——をもし原油市場が察知したとすればそれはかなり鋭い、ということになりますね。

それからアジア市場に雇用（労働力）を求めている一部日本企業がありますが、今回の地震で逃げ出したように——というつもりはありませんが、この中国の生産人口の減少問題はそういった日本企業の採用も直撃するはずです。

本当に優秀な労働者は間違いなく奪い合いですから、今のような待遇で優秀な中国人及び東南アジア人社員を雇うのは（遅くともこの5年内に）不可能になると考えていた方がいいと思います。ただでさえ、日本企業の彼らに対しての待遇は不評なので、この際日本らしく、給料は安いが終身雇用するなど、それなりの方法を考えるべき時期がはるかに早く来ているようですね（終身雇用制は中国人には絶対なじみませんが、ベトナム、タイなど一部の東南アジアの優秀な学生にとっては相当魅力的なはずです。もちろん幹部登用などは必須ですが）。

さもなくば中国市場を離れることです。

こういった生産人口減少の心配を一切しないで済む国――インド、ベトナム、インドネシアなどがある訳ですから、そういう市場にさっさと移動するのも一つの戦略です。

まあ、このあたりは私の本業なので秘密、というかインサイダーが多いのですが、今回は少しサービスします（笑）。

（2011年5月9日発行分）

中国バブルははじけつつある数々の証拠
――現状を把握する

先々週のトピックスで人口動態から見ると中国経済のピークアウトは意外と早く、早ければ2013年ごろ、と予測しました。実際の現象面ではすでに人の住んでいないマンションの価格が3倍になったり、とんでもない地方都市にビルが乱立したり、テナントがいないのでシェラトンなどの欧米資本に経営を依頼して（もちろん人が入ろうと入るまいとロイヤリティー収入が入るのですから、シェラトンやヒルトンにとってはこんなにおいしい話はありません）、実際の1泊のホテル代は現地の人の2カ月分の給料、なんてところがあちこちにある訳です。

当然我々が泊まらなければ誰も泊まりませんし、そもそもホテルのオーナーたる中国人は節税対策でやっているだけですから、そのオーナーの本業が行き詰まった瞬間にこのホテルもアウトです。日本のバブルに似ていると言えば似ているのかもしれませんが、誰も人が泊まっていないシェラトンホテルに、誰も人が入っていないルイ・ヴィトンのショップが入っている――という状態の方が当時の日本よりはるかにバブリーでしょう。

従って先週も申し上げましたが、彼らの本業に支障をきたすのは、生産人口∧従属人口、に転換する2013年であったとしても不思議ではありませんね。中国は年金がほとんどありませんから、日本のように高齢者が預貯金の60%を握って巣鴨に出かける、などという優雅なこともないでしょう。「転がる坂」は日本より急激かもしれませんよ。

さてその不動産。

1~3月の上海地区の住宅販売面積はなんと前年同月比▲24・6%、広州でも▲16%となっており、不穏な空気が漂い始めています。

また、中国銀行(中央銀行の方)は上海、北京、深圳、広州、重慶、杭州、南京を「不動産高リスク地域」に指定して、不動産価格が50%以上下落した時のストレステストを各地域の銀行に指示しました。実際に何を報告するかはいい加減なもんですが、要は政府として注意をしたぞ、というポーズが大事で、ここまで来て引くに引けずにひやひやしている地域銀行は相当あるのではないかと睨んでいます。こういったことがきっかけで貸し渋りが起きたのは日本の総量規制の時も同じでした。

また、イギリスの調査機関によると1000万元(約1億3000万円)以上の資産を有する中国人の人口は96万人で前年比9・6%増、平均年齢はなんと39歳、男女比も7:3ということで日本のそれとは全く様相が異なることがおわかりでしょうか。

日本では1億円以上の資産保有者はおそらくまだ150万人くらいいるはずですが、その平均年齢は多分60歳を軽く超えると思われますし、男女比は10:1にもならないのではないでしょうか。

結局中国の「超消費社会」はただ資産がある、ということの他に若い世代、そして女性が多いという点が特徴で、当然その消費性向は極めて高く、日本の高度成長期とも全く違う構造になっていることを忘れてはいけません。そして彼らの職業で見ると33％が会社経営、25％が不動産による資産ということで、おそらくその会社経営に関わる資金も不動産から捻出されていることまで想像すると、この不動産の行方が大変大事なことがわかります。

また、前にも申し上げましたように中国には灰色収入と言われる表に出ない収入がＧＤＰの20％もあると言われていますので、実際の高額資産者はこの数字よりはるかに多いでしょう。

（２０１１年5月30日発行分）

中国ビジネス　コツのコツ

私事ですが、ここ10年間思えば20社以上のクライアントを中国に送りこんできましたが、皆さん見事に成功されていますし、その間も、実はワタクシの考え方はあまり変わっておりません。その際、中国に出たいから是非一緒にやってください、と言って頂いた企業の経営者の方に必ずサインして頂く「心得集」がございますので、手始めにそのほんの一部をご紹介することに致します。中国市場を見る上では参考になるのではないでしょうか。

1．すでに1995年から中国が世界の工場から世界最大の消費地に転換することは誰の日にも明らかだったので、中国市場を世界最大の消費地として見下すことなく、リスペクトをもって真摯に開拓するという熱い想いをお持ちの企業に限る。

中国を単なるコストの安い生産地としてお考えの企業の方は他のエージェントとお付き合い頂く。

2．従って、100人程度の規模の会社であれば日中バイリンガルの取締役が二人は必要。これは必ず日本人であること。

3．中国の消費者は日本及び日本人による質の高いサービス、品質に高額の対価を払うのであって、中国人のサービスに高いお金を払う気はないことを肝に銘ずること。

4．従って中国にて日本文化を含めた品質を伝達できる熱意があること。当然コストが安いからといって安易に現地社員を雇うことは禁止。

現地雇用は必須だが、腰を据えて人選をし、きちんと日本に連れて帰り、完璧な日本人クオリティーを教育することを前提にすること。さもなくば彼らはすぐ辞めてしまうので長期的にみると結局損失が大きい。

5．このビジネスモデル（中国人を相手に物を売る）での最大のリスクは「取りっぱぐれ」。

仕入れは現金を原則とし先方にも現金決済を求め、原則全額前渡しで受け取ること。

企業理念としてどれだけ売り上げ上昇の誘惑に駆られても掛け売りは一切受けないこと。

6．稼いだお金を日本に持ってこようなどと決して考えないこと。上海でフェラーリに乗ろうがマンションを買おうが問題になることはないが、それを日本に持ち出そうと考えた瞬間に、表裏、ありとあらゆる中国社会から「攻撃」され、企業そのものが溶解する。

などなど、これらはほんの一部なのですが、この中に現代中国をどう見るか、エッセンスがすべて入っている訳です。

中国が世界最大の消費地であることは今や疑いがありません。

上海に行けば、それこそ日本には普通にあるのに上海にはないもの（商売）がいくらでもあり、普通の人ならすぐビジネスチャンスを見つけられます。正直、それをやれば一時的にせよ必ず儲かります。間違いありません。

しかし、いくら物が売れても一時的ブームで終われば在庫の山を抱えますし、しかも取りっぱぐれてしまえばタダの絵に描いた餅。それこそ何千という会社がこれで中国で失敗してきているのもまた事実なのです。

ですからパートナーの皆様にはこの「ぐっちールール」を厳しく守ってもらっています。

（２０１０年5月17日発行分）

第3章

欧州経済編

欧州危機に大揺れの新興国、日本も無縁ではいられない

欧州危機と日本とのかかわり
――日本にとって危険なファクターとは何か?

ここ1カ月くらいでしょうか、欧州危機の預言者という訳でもないのですが、かなり早くから「本命は欧州」と発言していたために、あちこちで講演などに呼んで頂いています。

そのたびに、出てくる質問は

「でも日本は関係ないんじゃないですか?」

というものです。

貿易量も対欧州がそれほど大きい訳でもないし、まして日本政府が外貨準備としてユーロをほとんど保有していない。個々の銀行を見ても欧州向けの債権なんて微々たるものではないか、という訳です(実は生命保険会社のいくつかは大量にスペインの不動産投資に傾倒していて、それはかなり心配ではあるのですが……。そのうちの1社は最大手なので見直すと言っても、他には行けないかもしれませんけど……(笑))。

ですからそれは一面あたっていますし、仮に直接的被害を受けるにしても特定の生保1~2社でしょう。

しかし、そういう側面で捉えるとこの問題を過小評価してしまいます。

ＢＳ11の『報道原人』でも強く申し上げた通り、この欧州危機のキーワードは信用危機です。しかもリーマンショックが一民間金融機関の信用危機であり、いくらでもカバー可能だったのに比べると、今回は曲がりなりにも国そのものが信用危機に瀕しており、ユーロ全体が危機に巻き込まれるのみならず、その信用補完を日本の日銀もＦＲＢ（米連邦準備制度理事会）も同時に担わされているという現実があるのです。

例えばドイツ銀行が今ギリシア国債を担保としてＥＣＢ（欧州中央銀行）に持って行けば、すでに30％しか市場価格がないものでも額面１００％、１００億円なら１００億円の調達が可能です。

それをドルであればＦＲＢが、円であれば日銀が同様にスワップライン（スワップ用の信用枠）で供給する。つまり間接的に、日本も中央銀行がすでに彼らのエクスポージュアー（与信枠）を背負ってしまっていることになります。

現実的にはレアケースですが、例えばドイツ銀行が日本でギリシア国債を額面で１００億円持ってきて担保に差し入れられたら、日銀としては「いや、市場価格から見て30億円しか融資できない」とは言えず、１００億円出さなければなりません。なぜならそれが中央銀行同士の取り決めであり、それこそがＧ７である所以《ゆえん》な訳です。まさにそれこそがＧ７であるレゾンデートル（存在理由）な訳です。

ですからリーマンの債券はいくらでも却下できても（あるいは掛け目をかけてヘアカット〈1

れば国債とな〇〇％の償還に対して信用力が低いので10～20％程度にしか評価しないこと〉しても）国債とな

れば国債とな

ればユーロの一員である限り日銀も無制限で受けるしかない、というのが現状なのです――というか、それこそがG7のセーフティーネットなのです。

逆も真なりで、日本に今何があっても日本国債は100％の価値で担保されます。それが、G7という世界信用を背負っている中央銀行同士のクレジットラインなのです。

ただし、G7ではない韓国やタイではそうはいきません。ですからいざとなっても誰も担保に取ってくれず、倒産してしまう。2008年も日本がスワップラインを提供することでウォン暴落を防いだ訳で、これは日銀がもっと宣伝してもいい訳です。

G7のメンバーであるということはそういう重大な意味があるのです。

皆様は日本がそういう重要な地位にあることを意外と認識されていないのですが、アジアで唯一それだけ重要な地位にあるだけに、欧州の国債が破綻するとなれば逆にその被害は免れないというのが現実です。一民間企業としてではなく、中央銀行のネットワークの一員として被害が直撃な訳ですから、よりシリアスだと言えばその通り、実際にシリアスなのです。

決して対岸の火事ではあり得ません。

（2011年9月26日発行分）

欧州危機で新興国バブル崩壊も

さて、前項では欧州危機が日本には無縁ではあり得ないことを、主に中央銀行の信用という点から明らかに致しました。

今回は新興国への影響に焦点を合わせてみましょう。すでに世界の外貨準備高の60％は新興国に存在します。世界の外貨準備は約10兆ドルあると言われ、そのうち3兆ドルが中国、1兆ドルが日本ですから、実は欧州はほとんど外貨準備らしいものを持っていないことがわかります。つまりユーロを保有している訳ですね。これは彼らの自国通貨ですから、彼らにとっては外貨準備にはなりません。

すでにおわかりのようにユーロ危機の根源は実はここにありまして、暴落したユーロを買い支えるとすると通常ドルやら円やらを売ってユーロを買うことになるのですが、すでにユーロそのものを外貨準備扱いにしてしまっている欧州各国には売る資産がない、と言えば無いのです。

じゃあ、暴落したら何を売ってユーロを買うんですか、と言われると……いい質問ですね〜、と池上さんみたいに答えるしかない、という恐ろしい現状がある訳です。

実際に外貨準備が足りなくて韓国やタイは倒産に追い込まれた訳ですよね。

ですから今はまだ余裕のあるドイツやフランスがなんとか買い支えたとしても、ユーロが暴落した時にそれを実際に止められるのは、アメリカ、日本、中国、その他新興国に限られる訳です。

これは実にトリッキーな状況と言えそうです。

そしてその新興国も実は盤石ではない。

ＢＲＩＣｓの中でも特にブラジル、ロシアは要注意。なぜならこの２国は圧倒的に欧州の銀行からの投資や借り入れが多いからです。ですから、この欧州危機の中で欧州の大手金融機関に資金を引き揚げられたら即死します。

ドル、ユーロがだめなら新興国、なんて言ってると酷い目にあいますよ、とくどくど申し上げてきたのはこういう理由です。

中国は別に特集しますが、この２カ国よりましなのは日本からの投資がかなり大きいという点ですが、フォルクスワーゲンに代表されるように欧州からの投資も小さいとは言えませんから微妙な位置にあります。韓国は更に微妙ですが、ここはある種日銀のスワップラインという強固な防御線があることを世界中が認識しているので売り込みづらい、ということだけは確かでしょう。

ただし、抱えている問題の本質は同じです。

いずれにせよ、新興国が外貨準備の上でも実需の上でも大変なウェートを占めている状況ではありますが、もともとの投融資は欧州から出てきたものが相当あるという点からすると、融資引き揚げなどによる被害は甚大なのだと予測する必要があります。

私が今一番恐れているのがこの点でして、それによる新興国バブル崩壊、なんてことだけはないようにしてもらいたい、と思いつつも今ひとつ安心できない部分です。

（２０１１年10月3日発行分）

日本にもつながるドイツ危機の深層

ノルウェー輸出金融公社の話をブログで取り上げた時に、同じ仕組み債の発行体の常連としてドイツの州立銀行のお話を致しました。

これに対し「え、ドイツが危ないんですか‼」的なご質問が結構多数出てきたのですが、ドイツが危ないとは一言も言ってません（笑）。

まずはドイツの州立銀行が異様に高い融資比率を「南欧」に持っているということを申し上げたかった訳です。

ほぼすべての州立銀行（スッドウェスト、ノードドイツなど）が円建ての仕組み債の格付けの高い発行体として、それこそ1億円単位から組成をしていましたので普通に持っている方も多いのではないかと思います。

そしてどうも、州立銀行だから大丈夫ですよ、的な売り方をしていたのを実際に見ていたので、今回のノルウェー輸出金融公社と同じような問題、つまり準政府機関といえども政府保証が付いているものばかりではありませんよ、州立銀行といえどもこれはドイツ政府が保証をしていない、と何度も声明を出していますよ、ということで、問題の本質は同じですよ、と申し上げたかった訳です。

アメリカのFNMA（ファニーメイ）、フレディーマックにも同じ問題が存在するのですが、こちらはむしろ逆にアメリカ政府がコミットする、と発言してしまったので元来問題は少ないはずなのですが、ではアメリカ国債と同じ利回りになるかというとそうはならず、やはり未だに結構なスプレッドが存在しています。つまりそれでもまだ怖がっている投資家が多いということで、その意味ではドイツ政府が「知らない」と早くから宣言している州立銀行については、このままユーロ危機が続いていくとかなり危ないことになると考えています。

これまで100％安全資産としてギリシア、アイルランド国債をカウントしてきていますから、これを50％へアカットして扱った段階で、これらを大量に保有する大多数の州立銀行で自己資本が消失すると思われます。

そしてそれをドイツ政府は「保証せず」と早くから宣言しているので影響はノルウェー輸出金融公社どころではないでしょう、と申し上げているのです。ドイツ政府のクレジットを私は心配している訳ではなく、ドイツの「州立銀行」のクレジットを心配している訳です。

その意味ではノルウェー政府の立場は今のところ曖昧で、救済するかもしれませんし、今から保証すると宣言するかもしれませんが、ドイツの場合、その可能性は全くない、と言ってもよろしいかと存じます。

ラフな計算ですが、昨年（2010年）4月にギリシア危機が起きた時に『エコノミスト』誌が計算したものでは、ドイツの州立銀行が抱えている南欧に対するエクスポージュアーは軽く2300億ユーロを超えるだろうとされていました。ドイツの金融システム全体の規模が2兆5000億ユーロと言われている訳ですから、その1割がぶっ飛ぶ訳です。もちろん当時の数字ですからイタリア、スペインは全く入っていません。これらを入れるとなるとその倍くらいになってもおかしくありませんから、これをまともにドイツ政府が保証にいったら国そのものが飛びかねない――ということで「俺は知らんぜよ」と早めに宣言したということでしょうね。

ムーディーズやS&Pが例によってこれを座視しているのが不思議でなりませんが、まあ、これから出てくるでしょう、ということは確かでありまして、ドイツの州立銀行の債券は本当にたくさん円建てで発行されているので、これは日本も結構ピンチです。

なぜかというと、そういう発行体とスワップをかけているのは円建てなので当然日本の金融機関です。ですからこれは今までのように日本は関係ない、という訳にはいかなくなってきます。この元本を円にスワップしている部分をそれこそCDS（クレジット・デフォルト・スワップ）でヘッジするのが王道な訳ですが、ヘッジコストを払ってしまえば儲けは少なくなってしまうので、大部分は裸のままです。まあ、敢えて名前は出しませんが、ドイツの州立銀行の場合はそのカウンターパーティーになっているがために飛びかねない日本の金融機関がありそうではありますね。

　ということでこちらはノルウェー輸出金融公社どころのインパクトではありませんぜ、ということです。


　ついでに余談ですが、日本の地方債というのも実は微妙です。

　これはモルガン・スタンレーにいる時に何度も社内で激論を交わしたのですが、法律的、仕組み的には、例えば東京都債券といえども政府保証及びそれに準ずるものは一切ついていません。

　しかも国債の管轄は財務省で、地方債の管轄は総務省なのです。

　財務省からすればそれこそ「おれは知らんぜよ」の世界ですね。これを日本国債に準ずるクレジットとして考えて良いのかどうか、大変微妙な問題を含んでいます。

　地方債についてはアメリカでは「保証しない」というのが完全にスタンダードになっていて、まあ、カリフォルニア州が倒産しそうだ、と言われても「どうぞ、ご勝手に」というのがアメリカ政府のスタンスであることは、皆さんご存じの通りです。

　過去にニューヨーク市は倒産し借金を踏み倒しましたし、古くはアダムスカウンティーなど、借金をブッ飛ばした地方自治体はアメリカでは珍しくないのです。では日本は？　となると、制度上は多分踏み倒しても誰も文句を言えない訳ですね。

　その場合、例えば岩手県債をほぼ一行で引き受けてポートフォリオの大部分が岩手県債と言われている岩手銀行のようなところは、岩手県に何かがあれば速攻でアウトです。本人たちは「だからおれたちは盤石だ」とよく自慢していましたが、私から見ているとこれでは「ドリフターズ」状態で、危なっかしくてしょうがないとしか思えません。たまたま岩手銀行の例を出しましたが、まあ、日本全国にこういう地銀はざらにあります。

逆に県債なんて政府保証もないんだから危なくてしょうがない、と言って引き受けた瞬間にさっさと売り飛ばしている地銀もあります。広島、福岡あたりがそうですね。

その点ではさすがが、と申し上げるべきかもしれませんが、地方債、特に縁故地方債と言われるものの法律的位置づけは大変微妙なので、実際よく注意された方がいいと思います。

更に余計なことを言いますと、そうやって「ツモ切り」された地方債が最後に行きつく先はどこだと思います?

郵便貯金です（笑）。

なんだか、マッチポンプ的ですけどね、私はだから郵貯が盤石だとも思わないんですけどね、まあ、余談です、余談……。

（あんまり書くとまじで殺されかねませんものでこの辺で……（笑））

（2011年12月5日発行分）

ユーロ統合で結局誰が一番得をしたのか？

おそらく読者の皆様は直感的にドイツとお答えになるでしょうか。

正解です。

ドイツ製造業に関するデータ（輸出指数）など、物証はどこからでも出てくるのでそれはそちらをご覧頂くとしてここではそのメカニズムを補足説明しておきます。

ドイツはギリシアに工業製品を輸出します。

ユーロ以前は、支払い代金はドイツマルクか、USドルかということになり、いずれにせよ、ギリシアドラクマなどでの支払いは、いつ紙切れになるかわからないのでドイツはできれば受け取りたくありません。

となると、必然的にギリシア自身がドル、マルクなどを調達できる範囲内までしかギリシアは買い物ができません。ドル、マルクなどの調達能力がイコール「輸入能力」そのもので、これでその国の購買力が決定され、信用力そのものがそこで規定されますので、物資が不足したりすることはありますが、クレジットの観点からはある意味健全です。

ですから実は国にとって大事なのは食糧、エネルギーなどを購入できる通貨の実力だというのは経済学の常識です（しかし、日本ではなぜかこの通貨価値の上昇、すなわち円高を「国難」と表現します。実に訳がわかりません）。

更にどうせギリシアの国の信用力で調達する（借金をする）ならマルクを借りようがドルを借りようが同じことなので、ドイツから買わなくても世界中から買うことになるでしょう。ギリシアが円建てでサムライ債などを発行できれば円を調達できますから日本から物を買えばいい、と思うかもしれませんし、円借款などでは事実そうなるケースが多い訳です。

さて、ここでユーロが統一されギリシアがその参加メンバーとなった訳です。一体どうなるでしょうか。

ユーロはすでに自国通貨なのでギリシアから見ればユーロで支払うのであればわざわざ自国通貨を売ってドルを調達する必要はありません。自分の国の通貨なのですからそのまま払えばいい訳で、その意味では円やドルではなく、ユーロで払う限りにおいては今までのような懐を心配する必要がありません。

ドイツから見てもドラクマをもらう訳ではなく、正真正銘のユーロをもらう訳ですから何ら問題ありませんね。こうなると、必然的にギリシアは輸入商品購入時に外貨調達の必要のないドイツ（ユーロ諸国）から（少なくとも日本、アメリカよりは）買いやすいことは間違いありません。日本、中国と競合するなら別ですが、同じユーロ圏の工業国とさえ競争すればいいとなればJリーグで勝てばいい日本のサッカーのようなもので勝つのは簡単で、これによるユーロ圏での輸出増加は著しかった訳です。

そして、ギリシアにお金を貸す方からしても同じ通貨で融資ができる訳ですから、返済時の為替リスクは一切関知する必要がありません。ましてや返済時のギリシア通貨リスクは負わずに済むのです。

ドイツ国内で2％しか金利が稼げないのにギリシア政府向けに為替リスクなしに3％の金利が稼げるとなれば貸したい人が（少なくともユーロを保有している人にしてみれば）殺到しても不思議ではありませんし、事実そうなり、ギリシアは借金ではありますが、ユーロ諸国からのユーロによる調達がほぼ無制限に可能になった訳です。

特にこれはスペインにおいて顕著なのですが、不動産に対する投資（融資）はその他の国債投資などと違い返済期限がはっきりしないためにほぼエクイティー、すなわち返済不必要な資金として考えられる傾向にあります。

実際、差し押さえたところで土地を切り取って運ぶ訳にはいきませんし、ここはおれの土地だといって国旗を立てて軍隊を派遣して守ってみても意味がないですよね。ギリシアやスペインの土地はあくまでその国の土地にしかすぎませんし、差し押さえてみても全く意味がないのです。

つまり、従来はギリシアの信用力により自動的に制限されていた調達能力がユーロ導入によってほぼ無制限になり、そうなればそれをそのまま支払える工業先進国であるドイツのものを買うインセンティブはぐっと上がることになりますし、ユーロ圏での競争力なら勝つことは、簡単な話です（笑）。

実際ドイツの輸出依存率は45％を超え、日本の15％程度とは比べ物になりません。そしてこれらの現象がギリシアのみならず、ポルトガル、イタリアに対しても起きているのですから――結局ユーロ統合はドイツ丸儲け、と言われる理由がここにあるのです（この話をすると、当時は必ずドイツの輸出はほとんどがEU域内（ユーロ通貨圏）でありこれは日本で言えば国内生産を輸出と計算しているようなもので、ドイツの輸出依存度は高くない、という議論をする経済学者の方が多数おられました。死んだ犬にむちを打っても仕方ないのですが、ギリシアが国内かよ、というイヤミを改めて申し上げておきたいと思います。ドイツは輸出依存度が極めて高いからこそユーロ統合で丸儲けしたのであり、もし、東南アジアがすべて円を使ったとしても国内輸出みたいなもんでしょ、とは言えないことはすぐおわかりになると思います）。

（２０１０年5月24日発行分）

ＥＣＢ、ユーロが抱えている問題点

●ポルトガル国債の優先順位

ギリシアはもちろんですが、ＥＵでは実は今、ポルトガルが一番ヤバイ状況にあるんですね。

というのは、彼らはもうすでに救済プログラムまで入っているからです。いろんな救済プログラムですでに国債を買ってもらっています。

ポルトガルが今ＥＭＳ（欧州通貨制度）などに売却したこの国債は、優先返済されることになっています。つまり、ポルトガルの銀行が持っているポルトガル国債よりも、ＥＭＳやＥＣＢ（欧州中央銀行）が持っているポルトガル国債の方が優先順位が高い。こんなことが許されるのでしょうか。

日本国債で考えてみましょう。私たちが持っている日本国債よりアメリカ人が持っている日本国債の方が優先順位が高いとしたら、普通、誰でも怒るでしょう。あり得ないことです。でも、それをやった。

「ユーロを守るため、あらゆる手段をとる」というＥＣＢのドラギ総裁発言に一番反応したのはスペインです。これは何とかなりそうだと、１％近く金利が下がりました。ただしこれでもまだ高い方です。元来は、ＥＣＢの総裁が全部国債を買うぞと言っているんですから、素直に反応すればもっと下がるはずです。

ではなぜ戻らないのでしょう。アメリカのマーケットを見てください。バーナンキが発言したら、債券は２日で暴騰してしまいました。ところが欧州は違います。確かに反応はするが、途中で止まってしまうのです。

●ECBの二つの問題

ＥＣＢには最大の問題が二つあるんですね。一つは、「もう何回も聞き飽きた。早くやれ」ということ。マーケットはこれで反応していいのかどうか悩んでしまうんです。だから止まる訳です。

もう一つの問題は、ＥＣＢのバランスシートが悪化するということ。冷静に考えてみると、彼らが買う債券はドイツ国債やフランス国債ではありません。ポルトガル、スペイン、イタリア……。言ってみればごみばかりを買い、最後まで守ると言っています。

しかし、守ると言っている本人のバランスシートはどんどん悪くなります。確かに金利に関してはプロテクションできるでしょう。しかしＥＣＢの問題は、クレジットリスクを自分たちの方に入れてしまったことにある。連銀としては一番危険な行為です。

ＥＣＢは、これからもジャンクボンドみたいなものを買い続けるという訳ですから、これでユーロが戻ると言っている人の気が知れません。ユーロを守るにはこのやり方しかないというのは間違いではありませんが、これから起こるであろうＥＣＢのバランスシートの劣化に対してどうやってプロテクトするのかについてはノーアンサーです。

今ドイツで問題になっているのはまさにこうした問題です。ドイツの憲法裁判所は「ＥＣＢによる過剰債務国の国債買い取りをＥＵ法違反とみなす」という判決を出しました。上限を決めた訳です。おそらくそこまでだったらＥＣＢの信用問題は起きないという数字を出してきたんでしょう。

しかしそれは保証の限りではない。特別国債も買わないで、ギリシアやスペインばかりを購入したその人たちのポートフォリオは大丈夫なのかと心配されるのは、当たり前です。

早くもＥＣＢのクレジット・デフォルト・スワップ（ＣＤＳ）が流通し始めています。これは、投機の対象になり始めたということ。中央銀行のＣＤＳというのは多分初めてだと思いますが、こういう投機が始まるほど、今ＥＣＢが抱えている問題は大きいのです。

●ＥＣＢの体制的な問題

連銀がクレジットリスクを抱えるというのは、これはもうヘリコプター・マネーではありません。彼らは自分が買うものに関しては金利リスクは負うが、クレジットリスクは負っていない。万が一負ったとしても、アメリカのクレジットリスクを取っているだけです。ＥＣＢが買っているのはごみボンドばかり。だから私は、これでユーロが上がるという話には全く同意できません。

体制的にも無理でしょう。日銀であれば日本の銀行のことが全部わかる。銀行の経営が危ないようなら、こう言えばいい。

「三菱銀行、ちょっと来い。顔貸せ。おまえんとこはほんとに大丈夫なのか」「いや、大丈夫です」「わかった。あしたから検査だ」と言って1カ月ぶっ通しで検査する。そして「大丈夫だ。じゃいい」となる。

ところが、ＥＣＢはそれができません。もっと言うと、それをやれる能力のある人がいない。「おい、山口、あしたから行ってきてくれ」「何ですか」「カネを貸しているのに、スペインの銀行がバランスシートをインチキしているらしい。すぐ検査に行ってくれ」と言っても、まず検査員が行けない。結局、相手にお願いしなくてはいけなくなる。

お願いしてから先にギリシアが何をやったかというと、「いや、おれたちは別にインチキなんかしてないし、検査を受ける義務はないぞ」と言って粘るだけ。そして、粘っているうちにどんどん自分の国債が売られ株価が下がり、最後は白旗を揚げて「どうぞ」となってしまいました。

その2カ月間ギリシアは証拠隠滅をしている訳です。ごまかした証拠を全部シュレッダーにかけてしまった。だから、ＥＣＢが入った時にはもう、何が起こったか、よくわからない状態でした。わかることは一つ、ごまかしていたということです。とはいえ、どういう方法で何を使ってごまかしたかは、とうとうわからずじまいです。

日銀だったら「待ってください」と言われても、「ちょっと、どうなってるんだ」と言って、いざとなったら明日からでも検査に行けます。

しかし、ＥＣＢには一国の財政が本当にうまくいっているのかを検査する権限がない。これではうまくいくはずがありません。いわゆる資本主義の信用秩序という点から考えると、信じること自体が過信じゃないかなと個人的には思えてならない。ユーロが抱えている問題は非常に根が深いということをご理解頂けるでしょうか。

（２０１２年9月15日講演分）

まとまらない欧州

まずＥＵの予算がもめにもめて決まらず、来月はおろか来年に持ち越されてしまったという醜態。

２０１２年11月22日のＷＳＪ（ウォール・ストリート・ジャーナル）の記事が見出しからして笑える。

EU Leaders Prepare for Battle Royal at Summit
〈ＥＵの指導者がＥＵサミットでいよいよバトルロイヤルの準備を始めた！〉

もう始まる前から協調なんて雰囲気ではなく、全員をたたきのめし最後の１人が勝ち残るまで戦い抜く、バトルロイヤルの様相を呈している、という短いですがそのものずばり、非常に端的な見出しですね。

始まる前の記事ですが、こちらもわかりやすい。

〈EUの首脳は予算を決するためのまさに対決を制するために木曜日にブラッセルに集まる。この戦いは言うなれば富める者対貧乏な者、あるいは大陸の東側対西側、またイギリス対その他すべての戦い、とでも呼べるものである。〉

〈この2日間の会議を主導するEUのファンロンパイ首相は決裂を避けるためにも何とか週末を使ってでも最後まで話し合うことを再三呼び掛けており、さもなくばEUの正常な機能や日々の活動が保てない場合もあると恐れている。〉

で、結果……この記事の通りになってしまいました（笑）。

紛糾するのは当然で、ユーロ中の国々に政府支出の削減を求めている本家であるEUが年間5％の予算自然増を要求している訳ですよ。どっかの国と同じで政府だけは楽な思いをして増税をやります、って話とそっくりです。

更に話が複雑なのはイギリスの存在です。

最近、ユーロ圏＝EUというご理解をされている方がいるようなんで改めて申し上げておきますが、ユーロ圏（EURO　ZONE）という場合は、通貨としてユーロを使っているという集合体、でありまして、これは当然＝EUとならねばならないものでした。

ところがイギリス、スウェーデンなどを含む数カ国が国内をまとめきれずに通貨ユーロを使用せず、ユーロには参加せず、ということになってしまったのです。言ってみれば抜け駆けした訳ですが、結果的にはイギリスもスウェーデンも入ってなくて本当によかった——ギリシア債務もスペイン債務も、ましてイタリア債務も俺たちは関係ないからね!! ということになっています。ところがこいつら（いや、彼ら）がEUには出てきて都合の良いことを言いまくる訳ですから、ユーロ圏の国がおもしろい訳がありませんよね。ユーロ圏の負担もしない国がそのおおもとの組織であるEUの予算には文句を言ってくるなんて、うまくいく訳がありません。

という話はそもそも論でわかったはずでしょ、と多分皆さんは不思議な気持ちになるでしょうが、世界の秀才を集めているはずのああいうレベルの指導者たちもこういう単純かつ明快な基本線を踏み外すことがあるという良い例です。

一方我々のような「その辺の」投資銀行家は当初からこういう仕組みに難点があることに気が付いていて、ユーロのエクスポージュアーは増やすのはやめましょう、ってなことを実行している訳ですから、おいおい、という話です。事件は会議室で起きている訳ではない——という良い例ですね。

ということでこれ以上やると本気でけんかになってしまうので、来年まで持ち越し。

自分たちのことも決められない人（EU）に他人（国際経済）の心配などできないのは当然で、まずは巻き込まれないようにしたいもんです。

どのくらい支離滅裂になっているか簡単に申し上げますとこんな感じです。

●拠出金の方が大きい国（補助よりは大きい）

ドイツ……何が何でもすべて削減すべし

フランス……フランスが受け取っている農業補助金以外はすべて削減すべし

イギリス……イギリスが受け取っている払戻金以外はすべて削減すべし

●補助金の方が多い国

スペイン・ギリシア……財政削減のためにも予算増は不可欠（要するに補助金をもっとよこせと言っている）

●旧東欧諸国（ポーランドなど）……欧州内格差を是正するためにも予算増は不可欠（要するに補助金をもっとよこせと言っている）

如何ですか？

まとまるわけねえ、と思われませんか（爆）。

欧州経済ってこれが現実なんです……。

最後にギリシア救済資金に関しては本日月曜日が再会議。

正直、今回の「バトルロイヤル」が影響する可能性も危惧されており、それを避けるために早めに切り上げた、って話ですからこちらもどうなるかわかりません。
スペインの入札はなんとなく過ぎて、ほっと一息。
しかし、毎回これでは……。

（2012年11月26日発行分）

ユーロ2012年、総括。お前はもう死んでいる……

将棋でいうとすでに詰んでいるのであと何手がんばって指せるかどうか、だけの問題だ、とブログで書きました。ちょっと手抜きですが、以下ブルームバーグの記事がすべてを語っているのでおすそ分け。これはFT（フィナンシャル・タイムズ）の記事がもとになっていますね。

12月14日（ブルームバーグ）：ギリシャは国家救済に欠かせない支援資金を獲得し、ユーロ圏の銀行監督制度は形を成しつつある。債務危機3年目の欧州はこうした成果を挙げながらも、次の一手をめぐるドイツとフランスの小競り合いで幕を閉じようとしている。

ユーロ圏の2大経済大国の運転席でハンドルを握るメルケル独首相とオランド仏大統領は財政危機後の経済運営について、相反するビジョンを示した。

13、14両日にブリュッセルで開かれた危機開始来22回目の首脳会議後、オランド大統領は記者団に「これ以上の所得移転を望まない国がユーロ圏の中にあるかと問われれば、答えはイエスだ。そういう国が幾つかある」と語った。その上で、「このまま前に進みたくない国に引き止められているわけにはいかない」と強調した。

危機対応策は2回のほぼ徹夜の会合によって進展した。13日午前4時半まで続いた欧州連合（EU）財務相会合は、欧州中央銀行（ECB）に銀行監督を一元化させる道筋で合意。13日午前のユーロ圏財務相会合がギリシャへの491億ユーロ（約5兆3700億円）支払いを承認した後、欧州の将来を議論するEU首脳会議の1日目は同日夕から14日午前2時まで続いた。

銀行監督の道筋ができギリシャへの次回支払いが決まった後、首脳らの議論の焦点はユーロ圏を向こう5～10年で「真」の経済同盟にするための「工程表」に移った。

くぎを刺すドイツ

来年に選挙を控え、ドイツ国民の負担をこれ以上増やしたくないメルケル独首相は、破綻銀行処理の議論でも納税者にコストを負わせることはできないとくぎを刺した。ファンロンパイEU大統領が準備した工程表に含まれていた共同債発行や既発債を償還するための合同基金の構想もすでに却下されている。工程表の準備に携わったユーロ圏財務相会合（ユーログループ）のユンケル議長（ルクセンブルク首相兼国庫相）は、野心的な勧告が却下されたことに

「大いに不満だ」と述べた。

経済への衝撃を吸収するための共同基金という、より控え目な構想もドイツにとっては行き過ぎだった。経済改革政策を取ると「契約」した国を支えるための基金は「100億〜200億ユーロ程度の限定的」な規模しか認められないと、メルケル首相は述べた。

対するオランド大統領は、スペインやイタリアと連携し緊縮一辺倒のドイツに立ち向かっている。だが、各国の予算の中で「将来に向けた投資」を財政赤字の計算時に除外するオランド案は、メルケル首相に拒否された。

こうした対立は来年に持ち越され、銀行同盟に関するさらに進んだ議論やギリシャの債務圧縮が想定通りに進まない場合の「追加措置」の選択の中で、繰り返し表面化することだろう。


（ブルームバーグ　2012年12月15日付）


この小競り合いが再び1年間をフイにした最大の原因と言ってよく、来年も続く……というより選挙のあるドイツはますます先鋭化していくと思います。

それから銀行同盟で監督権を強化すると簡単に言いますが、日本のバブル崩壊を思い出してください。

金融庁が設立され、本格的な銀行検査に入るのですが、日本のように財務省銀行局、日銀といった銀行の監督業務をずっと行ってきた専門家を多数有する国でさえ、実際に全銀行の監査をするのに3年近くかかっているのです。

前にもメルマガで書きましたが、監査業務をすべて例えばブンデスバンクに依頼する、というなら可能かもしれません。しかし、実際にはすべてEU・ECBがやることになる。

一体ECBのどこに銀行の監督業務ができる人間がいるのか、名前を具体的に出してほしい、という話です。専門家が多数いた日本でさえあれだけの苦労をした。どう見てもこれから人を育てていたら10年かかるかもしれませんね。

日銀やブンデスバンクにやらせる、というのはいいアイデアだと思いますが、ドイツ、フランス、イタリア、スペインとそれぞれの言語で書かれたばらばらのバランスシートの査定と現場の査定はそれこそ気の遠くなるような実務作業です。

エリート連中はこうやって銀行同盟!! とかいってすべてが解決したように考えますが、実務ということを考えればそれがどれだけ大変か、ということがすぐわかるはずなんですけどね。

そのあたりの議論が全くされないのは不思議。

決めるのは簡単ですが、実際できるのかどうかを見極めねばならないのです。

(2012年12月17日発行分)

第4章

投資編

為替、株式投資の仕組みとノウハウを伝授

投資の道　虎の穴　為替

本メルマガの読者様には為替、つまり通貨価値とは本質的には何なのか。ここから考えて頂きたい。

実際は通貨価値とはその国の経済力だけではなく、安全保障、国としての体裁、住み心地、宗教観、教育水準、医療水準、ありとあらゆる国力の総合と考えて頂くことが肝要です。

ですから円高、ということは世界中から日本がそれだけ評価され、期待されているということであり、円高が経済に悪い影響を与える、としか書かない日経新聞にはあきれ返るばかりです。

これだけ世界の人から評価されているから円高なのですよ。喜ぶべき慶事であります。

でもセミナーとかでこの話をすると、ほとんどの方が輸出立国の日本は円高になれば輸出競争力が落ちる、事実韓国や中国に抜かれてアメリカでもテレビのシェアはサムソンが1位ではないか、と言い出す訳です。やれやれ……。

では質問。

バブル景気の後、戦後最長のいざなみ景気と言われた2002年から2008年にかけての為替チャートをよく見てください。ひたすら円高で今日のレートに至ります。

日本はバブル期でさえせいぜい30兆〜40兆円しか輸出していなかったのに、この円高の真っただ中でリーマンショックの２００８年まで、70兆円以上の輸出をしていました。円高で競争力がなくなるのならこんなに輸出できるはずがない。当然ですが世界中の国に対して貿易黒字で（こんな国は世界中にありませんから）、唯一赤字の相手はフランスとくる（一時的にイタリアにもマイナスになりました）。

要するにフランスに対してはエルメスとルイ・ヴィトンにやられて貿易赤字になったんです。これ、ほんとですから。

韓国が日本を追い抜いたとかほざいているジャーナリストの本を読んでみてください。買う価値はありませんから立ち読みで十分ですが、あらゆる意味で日本は遅れていると書かれている。ではなぜ、韓国も中国もタイもシンガポールも、世界中の成長国が日本に対して貿易赤字なのか、彼らに説明してもらいたい。

答えは明らかで、韓国は日本のハイテクな技術部品を買ってきて安い労働力で組み立てて、それを輸出して稼いでいる訳です。ですからアメリカや欧州に対しては貿易黒字を出しても、日本からは高級部品を買うために絶対に黒字になれない。これがまさに日本の「国力」であり、世界の市場はそれを見ている訳です。

これでは円が安くなるはずがないではないですか？

つまり世界中の成長セクターをはじめ、成熟した欧米諸国までが、垂涎の高級工業品が日夜生産され、それも急にだめになりそうもなく、少なくとも10～20年は続くだろう。日本人の勤勉さなら世界中の国々に価値ある商品を販売し続けるであろう、ならば日本の通貨を買っておこうではないか、と考えるのが普通でしょう。

私は個人的にサウジアラビアの某大物政治家を存じ上げています。

彼は当時からあらゆる意味で日本円を売る理由はない、と明言しておられました。公表数字はありませんが、アラブ諸国の円資産の保有比率は相当高いはずです。

そして彼の話を更にすると、その次に必ず宗教の話が出てきます。

アラブ・キリスト教徒が今でさえもめにもめている。それにユダヤが入る。ハッキリ言って、世界中で宗教を抜きにビジネスができる国は日本とシンガポールしかないと。しかしシンガポールは、リー・クアンユーが客家出身なのでアラブ人はさんざんだまされた過去があるし、しかもシンガポールは言論統制がことのほか厳しく、セカンドベストだろう。なぜワールドベストの日本はもっと海外（特にアラブ圏、東南アジア）の企業を積極的に受け入れてくれないのか、と彼からはさんざん文句が出てくる訳です。

いずれにせよ、日々世界の重大な価値を生み出し続け、かつ宗教に寛容な日本のポジションはお金持ちから見ればこれほど魅力的なことはない。日本を買う、つまり円を買う訳です。

スイスフランは今回の欧州危機でもさすがに力を発揮していて強烈に上がりました。スイス人はそれを自慢に思っています。なのになぜ日本人は自国通貨が上がることに不安を持つのでしょうか？

スイスフランに集まるのはまさに「信用」です。

このクレジットという概念は残念ながら数値化できません。お前の信用度は50％で、あなたは100％ということはあり得ない。信用できるのかできないのか、それだけですよね。

そしてスイスは第二次世界大戦でナチスから世界中の資産を守って信頼を得た。今や産業で見れば、時計くらいを細々としか作れない国ですが信用だけで食っている。

日本はこれだけの信用とそして実際に価値を生み出し続けているという50年にわたる実績、そして未来がまだある。「金の卵を産み続ける」国の通貨が売られるはずがないではないですか？

そして、2008年までの戦後最長のいざなみ景気がありました。日本の輸出企業はウハウハで、それこそ最高益が相次いだ時期です。

では伺います。

その2002～2008年、戦後最長の成長期間に給料が上がった人、手を挙げて!!

グッチーメルマガの読者でさえ、多分ほとんどいないのではないですか？

本当に日本が輸出立国で輸出がすべての成長エンジンだと言うなら、その期間、戦後最長の成長期に皆さんの給料が上がっていないのはおかしいじゃないですか。

しかし一方で、今まで海外に買い物ツアーなどできなかったような普通のＯＬやキャバクラ嬢が世界中に出て行って買い物をしている。円が高いからこそ実現していることなのです。

つまり円安になれば確かにトヨタなどの企業は利益が出るでしょう。しかしその分を給料で払うのか？　下請けに対してその分の部品代を上げるのか？　答えはノーだということは皆さんご存じのはず。

つまり円安、通貨安というのは国の通貨の価値を下げていることに他ならず、その場合、確かに輸出価格は安くなるでしょうが、その分我々の所得を外貨建てにして使える分が搾取されている、というのが真相なのです。

円安は企業に対して我々国民の所得を移転する行為と言い切ってもいい（もし円安による利益連動で給料を上げるというような輸出企業が出てくればこの理論は破綻しますが、そういう企業があるなら是非教えて頂きたい）。

先日久々にノリエル・ルービニ教授と話をしました。

日本では今、非正規雇用というのが問題になっていて、下手をすると年収２００万円くらいしか稼げなくて結婚もできないと言って大変な騒ぎになっている、という話をしたのです。そしたらルービニさんが大笑いしながら「何言ってんだ、アメリカはもっと悲惨だぜ」という訳ですよ。

１ドル１２０円ですと２０００万円は約1万６０００ドルなので、それはアメリカでもかなり厳しい収入層にあたります。しかし、今や1ドル70円な訳ですね。約３万ドルに相当する訳ですが、これは全米のいわゆるホワイトカラーの給料の平均より上なのです。日本のフリーターもアメリカに行けば中流階級なのですよ。

円安になるとその分輸出企業に吸収され、きちんと給料を払ってくれれば別ですが、過去15年の経緯からそれは幻想に過ぎないことがわかります。

しかし、今の日本で年収200万円なら、海外であればアルバイトでも十分やっていけるでしょう。因みにアメリカでそうですからフィリピンはもちろん、タイ、マレーシア、シンガポールあたりに行っても200万円を円で持っていれば十分暮らせますし、まさに「高額所得者扱い」です。

皆様、どっちがいいんですか?

大英帝国もそうやって強いポンドを使って世界中を支配しました。アメリカも同じです。そして今、中国がそれと同じことをやろうとしています。

しかし、日夜価値を生み続け、一切の宗教的フリクション(摩擦・あつれき)がない日本は私には盤石に思えますし、それこそが皆様国民の財産だと感じています。海外にいると余計感じますね。

ばかな政治家が円安介入などをしないことをひたすら望んでおります。

くどいですが日本の輸出依存度は、最高でせいぜい15%しかないのです。残り85%は円高で得をする人々ばかり(食料品の輸入もルイ・ヴィトンの購入も含めて)なのに、東京電力と同じ構図で広告宣伝費を大量に払える企業の意向がテレビと日本経済新聞を通じて流され、円高で大変だという報道になっている、ということを絶対に忘れないでください。

原子力広告と一緒です。まあ、命にかかわらないだけましですけどね。

では世界最強の通貨、円を持っている皆様はどうすればよいのか？

これが次のテーマとなりますね。

こうやって結論を先延ばしにしてお金を取ろう、とするせこい奴、と思わないでくださいね、それなりに考えてますんで（笑）。次回特集します。


（2011年8月10日発行分）

CDSにおける誤解

ギリシアをめぐるCDSに関しても何度か書いてきており、それ自体が危機を引き起こすことはない――つまり売り手と買い手は数字を見る限り拮抗しており、余程妙なポジションを誰かが隠れて取っていない限りほぼスクエアーなので、特に問題にはならない――と前に書きました。

リーマンショック前にはCDO（債務担保証券）という仕組みを使って、簡単に言えば借金をいくらでもしてポジションを傾けることが可能でしたし、事実AIGやモルガン・スタンレーは思い切り傾けて潰れかけた訳ですし、リーマンは本当に潰れてしまいました。

しかしそれも今や昔。

それだけのレバレッジを許されるプレーヤーがいないのだ、ということは何度も書いてきましたね。何かというとすぐ、ヘッジファンドだ、と言うのですが、そういったダイレクショナルにポジションを大量に傾け得るヘッジファンドはほぼ死に絶え、仮に出てきたとしても極めて限定的であることは何度も申し上げた通りです。

実際にＩＳＤＡ（国際スワップ・デリバティブ協会）の統計などから類推してもギリシア関連のＣＤＳはグロスでは10兆円くらいあるので、ちょっとギョッとしますが、ロング・ショートを整理してしまってネットアウトするとほぼ３０００億円あるかないか、ではないでしょうか。きちんと計算していませんが、ぱっと見た感じそんな程度です。

ですからすでにＣＤＳにしても、ヘッジファンドにしても、それが相場を変動させる、あるいは市場を崩壊させるなんて時代は終わってしまっています。

それを支えてきたアメリカの投資銀行が単なる銀行になってレバレッジが取れなくなり、欧州の銀行はすでに瀕死の重傷、やるとすると日本の銀行なのですが……やりますか？（笑）ということで、日経新聞お得意のこの種の記事はそろそろ品格にかかわるのでやめてもらいたい、と思います。

それから次は日本のＣＤＳが狙われるという記事もよく見ますが、これも荒唐無稽もいいところです。

シンガポールのヘッジファンドかなんかを取材しているようですが、彼らの資金力はどのくらいあるでしょうか？

リーマンショック前なら100億円程度のヘッジファンドでもそれをすべてエクイティー（返済順位の低い資金調達）に回すと2000億円くらいの調達が可能だったので（JPモルガンでもシティーでもどこでも貸してくれました）、まあ、そうそうばかにならない。

しかし、何度も書いているように、自己資本比率がますます厳しくなってきている銀行が、そんな連中に1億円でも貸せばとんでもないリスクウェートがかかってしまうので、どうでしょう、Liborプラス500BPくらいでも貸せないのではないでしょうか。

それを上回る収益が期待できるギリシアのCDSなら可能性がありますが、こんな資金を使って日本のクレジットを売る、つまりCDSを買う訳ですから、完全にコスト割れで買い続けていれば彼らは簡単に潰れてしまいます。万馬券を買い続けて倒産するお父さんのようなもので、そんなこと、本人たちの資金繰りからすればそうそうできない（シンガポール政府が総力を挙げて日本売りをするなら、それは可能かもしれませんね）。

現実を知らない新聞記者は簡単にだまされますが、市場原理をよく考えてみて頂ければわかることですね。おそらくバークシャー・ハザウェイくらいの規模なら取引自体は可能だと思いますが、いくらショートしたところでギリシアと違い、何せ日本に対する貸付金そのものを持っている人が世界中にほとんどいない訳です。日本が世界最大の債権国ですから。

ですから取引そのものが非現実的で、万馬券的に1億円とかの取引は可能かもしれませんが、それ以上の取引はほぼ不可能ですし、バークシャー自体も配当しなければなりませんから、それほどコストは使えません。

つまり、日本売りのＣＤＳのポジションを取るためにはそれ相応の資金を準備して保険料を先に払わねばならない、という点を忘れないでください。

一方、日本買いのＣＤＳを受ける側は一方的に現金を受け取る訳です。そしてもし日本が倒産したら保険金を払う立場ですよね。

すでに日本向けの融資を世界中でたくさん保有していれば、もうこれ以上日本向けの融資はできないよ、ということでギリシアのようなことになる訳ですが、元々ほとんど誰も持っていない訳ですから、例えば50円とか１００円だと誰もやらない、ということでどんどんインディケーションが拡がるでしょうが、あくまでそれはインディケーション。本当に拡がったところで、取引が成立しそうになればそんな現金は払えん——とヘッジファンドが逃げてしまう、というのが関の山でしょう。

一方、それだけの現金が速攻で手に入りますから受ける方はほとんど無尽蔵にいるのです。

まあ、実際にＣＤＳを取引したことのない人の絵空事、と言うしかないですね。

（２０１２年3月5日発行分）

株価指数では景気動向はわかりません

朝や夜には必ず株価についてのコメントを流す経済番組ばかりです。ニューヨーク市場の何を報道しているのかというとそのほとんどが株価、しかもダウ平均、ナスダック指数などに関するコメントばかりで、株価でアメリカ経済の状況がわかると言わんばかりですね。

東京では日経平均がそれに取って代わる訳ですが、残念ながら株価の平均指数で景気見通しは予測できません。

先日も書いた通り、株価というのはインデックスを見ても意味がないのです。

特にダウ平均、日経平均などは大型株をそのままアベレージダウンしているものなので、結局大型株がどう動いているかということしかわかりません。日本ですらGDPのわずか18%しか占めていない製造業を中心にしている日経平均を見て何がわかるというのでしょうか。むしろ60%を占める消費をけん引する企業を見るならわかりますが、それらは必ずしも大型株ではないので、単純平均の日経平均では結局何もわからないのです。

先週も書きました通り、株式投資の本当の意味とは100銘柄下がっていても1銘柄だけ値上がりしているものを見つけることにある訳ですから、全体を平均してみることに意味がないことは投資の性格からしても明らかなのですが、これが不思議と皆様、経済の専門家が誤解されている訳ですね。

たとえは悪いですが、熱が高いか低いかを見てガンが進んでいるのかどうかを判定しているようなもんです。あるいは体重の増減を見て風邪をひいているかどうか、判定しているようなもんですね。体重が減った理由は確かに風邪によって体調が悪くなり食欲が落ちた結果かもしれませんが、直接的理由ではないことは明らかです。

ではその国の景気、つまりマクロ経済を数字で表すのに一番適切なのはなんでしょうか？ それは国債の金利です。

ついこの前ギリシア国債で大騒ぎしましたよね。金利がどんどん上がっていった。この金利が上がるということには二つしか理由がありません。難しい言葉で言うと期待成長率（インフレ率）の上昇とその国の信用力の合成、となります。

まあ、簡単に言うと物価が上がるか、その国の信用力が落ちるかいずれか、またはその両方によって金利が上がります。ですから、経済成長を表す成長率とその国の財政状態を合わせて決まる数字が金利ですから、まさにこれこそその国のマクロ経済の状況を表すものに他なりません。

ですから、「モーサテ」（ニュースモーニングサテライト）などの番組では、さてニューヨーク市場はどうでしたか、となると元来アメリカ国債の動きを詳細にレポートしなければならない。なのに、必ずと言っていいほどダウがどうした、ナスダックがどうした、という話ばかりを報道しますね。そもそもあてにならない指標を朝から必死に報道している訳ですから呆れてしまいます。

これが「世界の株式」という番組ならそれでいいのですが、一応世界経済の動きを追うというのですから、アメリカ国債の動きを短期債を含めて追いかけていかないといけません。

その証拠にＦＲＢも日銀も金融政策を決める際に何を見ているか、と言えば金利動向を注意深く見ている訳であって、その彼らが最も注視しているものを報道自ら無視しているのは変ですよね。

特にアメリカの国債金利動向はその裏にある通貨が基軸通貨であるドルな訳ですから、とりわけ目を離してはいけないのです。世界の金融の最重要基本データなのです。

にもかかわらず日本のテレビ、新聞などできちんと報道されることは稀です。

原因ははっきりしていて債券のこと、特にアメリカ国債の市場を理解していてきちんとレポートできる日本人がいないからです。

テレビでしゃべっている現地の駐在員もすべて株式部の人間であったりアナリストであったりですね。

日本でもテレビでしゃべっているアナリストの大多数が株式の専門家で、債券の専門家ではありません。そもそも債券アナリストそのものがいない、なんて証券会社までありますから、何から何まで情報がずれてしまいます。

現在皆さんがお使いになれる唯一のツールはブルームバーグ、もしくはヤフー・ファイナンスのＵＳＡ版です。ＵＳＡ版はもちろん英語ですが、国債の情報がふんだんに取り込まれており、もちろん日本国債の細かいデータも載っています。

日本語版の方はなぜかそのすべてが株式に関する情報で埋め尽くされ、債券の話などほとんど書いてありません。日本国債はほとんど横ばいで動かないからだ、という話もありますが、そうは言っても日銀の資金調整は日々行われており、これを観察することで中央銀行が景気をどう見ているのか、これからどうしたいのか、ということを予測することができます。どう見ても中央銀行の動きが一番信頼できるものですから、その資金調整とその結果である債券の動きこそが、国のマクロ経済の見通しを見極める最高のツールなのです。

日本国債を見ていれば、これがこれだけ低金利で動き、日銀が短期金利の上昇を容認していないことは明らかですから、当面日本の景気は全体として本格的に上昇するフェーズにはなく、日本という国のクレジットも安心だ、ということがわかる訳です。こちらは体温計を使ってきちんと風邪の診察をしていることになりますね。

ひところＦＥＤウォッチャー（ＦＲＢのすべてを観察・分析する専門家）という言葉がはやり、もちろん今でもアメリカには有名なＦＥＤウォッチャーが何人もいますが、一方日本はというと、いることはいるのですが、全く目立ちません（いわゆる「日銀ウォッチャー」ですね）。

一つ言っておくと、彼らの欠点は何せ短資会社のアナリストだったりするので、そうなると親会社が日銀そのものなので、「日銀寄り」の発言しかできない点でしょうか。とても「反日銀」的発言はできそうにもありません。

アメリカのように各人が完全に独立して、という訳にはいかないところが日本の弱いところですが、それでもその辺の株式アナリストの景気見通しを聞くよりははるかに有意義ではあります。風邪かどうかは体温計を使って診るもので、体重計を使って診るものではないのです。

（2012年4月9日発行分）

ソブリンリスクの真実

日本のソブリンCDSが80BPを超えた――と書いたことに関してずいぶん質問を頂きましたので、再度補足させて頂きたいと思います。

例えば……

〈そうはおっしゃいますが、海外で日本政府の借金返済に関する疑義が出てくるというのはやはりあの800兆円という金額の大きさや、他にもそれなりに理由があるのではないですか？〉

というご質問。

では、お伺いしますよ。

なぜ、円はこんなに強いんですか??

韓国みたいにウォンが半値になってしまい、外貨準備が2000億ドル程度もあって、それでも足りなくて売り続けられるウォンを支えるためにIMFから借金をしている。

その上でおまえ、危ねーだろ、って言われたらそれは文句言えないですよね。

でも円はあらゆる通貨に対して史上最高値を更新するかというレベルに来ている。金利も史上最低とは言わないけど、世界的にはあり得ない1%を堅持。クレジット不安で売りが出た、とか書いた日本経済新聞とかがあるけれど、結局1・5%すら超えないではないですか。

だって、そうでしょう??

アエラセミナーでは話したんですが、びた一文ドルなんかで外国から借金していない日本が「ドル建ての返済リスクが高い」って言われているんですよ。

高いもくそもないじゃないですか。そもそも借金がないのよ、はじめから。

国内ですべて賄っている借金なんだから、文句を言われる筋合いはない。しかも韓国のように今どっかに頭を下げて借りに行ってるならまだ話は別ですよ。

でも頼んでないって（笑）。

それどころか、逆に世界中が日本に金貸してくれって殺到してるんですぜ。

危ないやつから金借りるなっつーの（爆）。

モルガン・スタンレーは早く三菱に金返しなさい。文句はそれから！

という話なんですね、これは。

そして80ＢＰとか価格を出しているゴールドマンに行って、いいよ、１０００億円取引やるぜ、と持ちかけて取引が成立する……はずがないのである。

いやいや、インディケーション（参考価格）ですからって言い出す訳ですよ。だったら最初からそんなもん出すんじゃねぇ！　の世界です。

大体ドルで借りてないんだから何に対して保険かけるのか全く意味不明だけど、この日本のＣＤＳ80ＢＰの意味は
「日本が潰れたら1億円あげるけどその保険料に８００万頂戴ね」

って言ってることになります。

1ドル80円なんて通貨の国で、すべての借金の98％を国の中でまかなっていて、世界中が金を借りに来ている国の倒産って、一体なんなんでしょうかね。

いくらでも受けてやればいいですよ。８００万ただ取りです。

でもこの取引が成立しないのは、

「いや、あなた日本人なんで最後になってお宅が1億円本当に払ってくれるかどうかわからないので、受けられません、えへへ」

とゴールドマンとかが言う訳ですよ。じゃあ、１００億円分担保積むからやるか、おい、と言ったとしても絶対やらない。だって、8億円キャッシュで払える訳ないもん、こんなものに。絶対

ゴールドマンの負けですからね。

そういういい加減な数字……。

つまり借りてもいない借金、更には借りるとさえ言っていない相手に対する返済能力とか訳のわからんものを示されてそれで日本が危ないとか危なくないとか言っている物事のばかばかしさを皆様には是非わかって頂きたい。

むしろ話は逆ですぜ。

あっ、そう。なら今お金返してよ、と日本が言った瞬間に、アメリカもイギリスも倒産ですよ、まじで。向こうの方が返せないいんですから。

一度だけこの誘惑に駆られた総理大臣もいるんです。

橋本龍太郎。

龍ちゃんですよ。まあ、機嫌が良くてハーバード大学の講演で思わず口走ってしまった——というのが本音でしょうけどね。

それ以来「抜かずの宝刀」なんですが、こうなると言ってやりたくなりますね。

とにかく、外国からびた一文借金していない日本がとやかく言われる筋合いはなく、いいんですか、じゃ、今全部返してよ、と言えばそれで世界中が黙らざるを得ない。それを言わない日本の大人の対応を少しは評価してもらいたいもんですよね。

ただ、一つだけ、やっぱり外貨準備をそういう意味で戦略的に使うべきだと思いますよ。もう少しユーロの比率を高くしておくと、ユーロに対してももう少しにらみが利く。

まあ、最終的にはアメリカがわかっていればいいことなんだけどね、あんた明日返しなさいよ、って言われたらどーすんだよ、って話だよね。

要するに、かみさんからたっぷり借金している亭主みたいなもんですよ。

あいつ危ねー、かみさんからえれー借金してるらしいぜ、って言われてる状態ね。

だって、払う必要ないし、お前から金借りたいなんて一回も言ってねーだろ！

でもなんか危ないよ、あいつって言われてる訳ですよ。

あんなにかみさんから借りちゃってて。もちろんここで言うかみさんは国民にあたるんですけどね、国民の皆様はどうしますか⁇（笑） あんた、もう少し外に出てって稼いでらっしゃい、って言うでしょう。そう、だから自民党は負けたんです（笑）。


本当のところを言いましょうか。

因みに日本で活動している外銀だって、すべて日銀のシステムの中でお金を借りている訳ですよ、日銀から。それを使って回している。

ただ、日本のクレジットは危ない‼ と騒げば日本向けの融資からはたくさんの金利が稼げることになりますよね。

でも日銀はバークレイズやRBS（ロイヤルバンク・オブ・スコットランド）など、本当は倒産しかかっている銀行なんだけどＢＯＥ（イングランド銀行）が70％も株式を持っている状態ですから、ＢＯＥに敬意を表して無担保で（無担保ですよ!!）インターバンクで円を調達させています。一日４０００億円くらいは出しているんじゃないかな。

このお金、円ですよね。

日本が危ない、って騒げば騒ぐほど日本国債に準ずる金利を支払う日本企業向けの融資の金利が上がってくる訳です。

国債プラス何パーセントと決めるのがほとんどなので、何とか国債の利回りを上げてしまいたい。そうすれば自分たちがほぼ金利ゼロで日銀から調達した円を高い金利で日本企業に貸すことができるから。

なんという……。

夜郎自大、とはこういうことを言うのではないでしょうか。

このあたりのメカニズムをはっきりさせないといけない訳です。日本を信用していないなら日本から金を借りるな、というのが元来筋なんでしょうけど、この外銀が不動産、消費者金融などの一番日本の金融機関が取りにくいセクターに融資を貼り付けているのでなかなか思うようにいきませんね。

今すぐ返せよと言ってもどうせ返せないけど、この話はどっちの立場が強いのかをはっきりさせて、一度そういうプレッシャーをかけてしまえば二度と日本のＣＤＳが80ＢＰなんてことにはならんのではないでしょうかね。

まあ、今のところ大人の対応というところでしょうか。


（2009年12月14日発行分）

最高の投資先

日本は財政破綻必至で、過剰な円高は日本経済を壊滅させる。

従って日本国債の金利は5％、1ドル200円はもうすぐそこだ！

と1990年からおっしゃっていた人がまた新しい本を書いていて、またロイターにて「円高の終焉」などとおっしゃっています。

しかしですよ、当時もし彼の言う通りに日本国債をショートして、円建ての資産をすべてドル建ての資産に換えていたとしたら……。

皆さん、すべて破産者になったでしょう（笑）。実際このポジションをとったJPモルガンは大損をし、ジョージ・ソロス氏の顧問となって同じポジションを仕掛けて大やられしておられる方が、「今度こそオオカミが来る」と言っている訳です。どうしましょ（笑）。

まあ、これは話としてはとてもおもしろいので、それはそれでOKですが、「読み物」として読むには良くても実際の投資の参考にするのはまずいでしょう。

結局、円をちびちび稼いで株も何もやらなかった普通のサラリーマンが実はここ10年の市場における最大の勝利者で、「ミセス・ワタナベ」ならぬ「ミスター・ワタナベ」というのが相場のチャンピオンだったのですね。つまり日本のサラリーマンです。

そもそも為替相場予想というのは短期的に見るとラスベガスのルーレットと何ら変わりません。早くから欧州崩壊を予言していた私のブログ（2008年のリーマンショックの時にはすでに宣言していました）にも、今年（2012年）の4月あたりにまだ1ユーロ100円あたりをうろうろしていたので、一体いつになったら落ちるのか、お前の為替予測はちっとも当たらん、とかなりクレームのメールを頂きました（それまでにいくら下がったと思ってんだよ、こら!!……と言いたい訳ですが、その方は私が書いたら2、3日で急落しないと「当たらん」と言うのですよ……（笑））。

ただ、何度も書いていますように、為替は長期で10年以上の単位で物事を考えるべきもので、そうすれば当たるのです。ですから1988年から円安、円安、と叫んでいた人を信じるのはどうかと思います。ほら当たっただろ、と50年後に言われてもどうしようもありません（その間もずーっと200円、5％と言い続けていますから、まあ、どうかと思います）。

せめて10年程度の単位で考えていかないと話になりませんよね。

結局日本とギリシア、違いは何か……。

それはすでにため込んだ対外債権とか、経常収支とかいろいろあるのですが、要するに日本及び日本人が世界に役立つ価値を常に生み出し続けるという予測・市場の確信、これこそがその通貨を評価する判断基準になるはずです。

ギリシアのように金を使うだけで何ら付加価値を生み出さなくなった時には、同じように円の価値が下落するという考え方は正しいと思います。でも今の日本はそうではありませんよね。

アメリカ・ドルについて考える時、大多数の経済学者は金利差、連銀のバランスシートの悪化、刷り続けるドルを原因にドル安、という予測をここ数年してきましたがその通りにはなっていません。安くなっているのは中国、日本などその意味で本物の付加価値を生んでいる通貨に対してのみで、ブラジルレアルなどは対ドルで２０１０年から見ると40%以上下落してしまいましたし、韓国も同様です。

ドルは絶対安くなると発言している経済学者たちが忘れていることがこの付加価値の部分、そして何よりドルを「ただの通貨」だと思っていること、です。ドルという通貨の価値を体現しているのは財政、金利差、インフレ率だけではありません。ドルという通貨はアメリカという国の価値の総力なのです。

つまり、あの巨大な軍事力、優秀な外交能力、インテリジェンス、国としての安全度、すべてを含めてドルの価値を算定する必要があるのに、大多数の経済学者はこれを無視するのです。

我々実務家はむしろこちらを重視します。

日本の唯一の弱点は軍事力と国家としての外交力だと思いますが、幸か不幸か、世界中の人々はその点に関しては日本はアメリカの一部だと思っている。バフェットの言葉を借りると「日本はそういった面倒なことをアメリカにアウトソーシングしていると考えるとわかりやすい」ということになるでしょうか。

ですから、結局何らかの価値を生み出し続けている国の通貨は強いのです。そして通貨の決定理論とは、経済面の数字だけではなく、こういった国の総合力こそが問われるということを肝に銘じてください。

その点から見るとユーロという通貨の行先はもう見えたも同然ですね。価値を作り続ける国だけでまとまりなおすか、そういう国が弱者の救済をコミットするか（ただし通貨は引きずられて安くなる）、それらの国が付加価値を生み出せるように誰かが手助けするか、いずれかの方法をとらない限りユーロという通貨は消滅する運命にあります。それこそ残された時間はあまりないのです。

通貨の供給量さえ増やせば通貨安になる、ということであればなぜ、財務省はどんどん国債を発行して円安にしようとしないのでしょうか。皆さんお好きな円安になれば日本の輸出がガンガン伸びて、日本経済が復活するんではないですかね？

でも現実に口で言うこととやっていることは別で、財務省は絶対にそんな政策をとりません。輸出依存度が15％しかない国でそんなことをやってもたかがしれているのは百も承知なのです。

やるなら内需を増やすべく、税率を安くしたりする方が手っ取り早い、ということを彼らは本当はわかっているのですね。ただ、消費税を上げておくと手っ取り早く税収が確保できるので、自分たちに都合がいい、ただそれだけです。当然そうやって日本の景気が悪くなっても日本はまだ大丈夫、という確信があればこそ、消費税、とか言っている訳ですよ。頭がいいんです。

◆

ということで、世界中の人々が欲しがる価値を生み出し続ける日本という国の通貨が売られる、ということは現時点では考えない方がいい。

逆に震災があって、これだけ政治家があほでもこんな為替水準にいられる幸せをかみしめましょう。さらに稼ごうなんて罰があたります。

親友のオバゼキ先生がおもしろいことをおっしゃってます。

「為替や株の短期売買は結局美人投票である……」

ケインズが言った美人投票＝つまり投票者は本当の美人に投票するのではなく、実際に勝ちそうな人に投票が集まるものなので、必ずしも本当の美人が勝つかどうかは別問題なのだ、という市場心理のこと。

「しかし、競馬は最強の馬が勝つ。そう考えれば競馬の方がよほど理論的にも学術的にも予測可能な市場と言うことができるだろう」

ということなんですが、それは本当にその通りだと思います。

最強の馬を見つければ競馬は勝ちます。

しかし、最強の企業を見つけてもその企業の株が必ず上がるとは限らないし、最強の通貨を見つけてもその通貨が必ず上がり続けることはありません。

一つの味方がここに必要となるのです。それは時間です。

フジマキ先生のように間違いを信じ続けさえしなければ長期に見ればそうなる可能性は非常に高く、ウォーレン・バフェットの言う、

「私にとっての最高の投資期間は永遠である」

ということになるのです。

短期売買は大多数の方にとってお勧めできるものではありませんので、くれぐれもご注意ください。そして皆さんは何より世界最強の通貨を保有されている訳ですから、ここぞという時のためにしっかりため込み、今は次の勝負の準備期間、というのが正しい判断でしょう。

ということで今週も最高の投資先は「金庫の中」(爆)。


(2012年6月4日発行分)

史上最高益を出している171社を見つけよう

個人投資家はどういった観点で資産運用をするのがいいでしょうか？

この答えは意外に簡単です。私が「現金を持て」と言っているのはかなりの極論で、半分冗談で言っています。

先に述べたように、大量生産から少量多品種へという流れは金融商品でも同じです。例えば村田製作所のように、日経平均が7000円になっても株価が10倍になっている株は絶対あるのです。それを見つけるかどうかだけだと思います。

こういう時代になると、日経平均を見ていても何の意味もありません。日経平均ではなくて、個別できちんと見ていくしかない。

これだけみんな「不況、不況」と言っていても、百何社もが史上最高益をたたき出している訳です。当然、そこの会社の株価は上がっています。アメリカの株に比べたらしょぼいですが、確実に上がっています。

要するに、史上最高益を出している171社を見つければいいのです。見つける方法は、皆さんご自身で考えてください。私は金融が本業なので、インサイダーだとみなされますから手を出しませんが、皆さんはそれぞれ得意の分野があるはずです。ITが得意であるとか、健康オタクでそちらの知識や情報には詳しいとか、あるいは化粧品だったら私の方がよく知っているなど、詳しい分野があるのではないでしょうか。そういう知識を駆使して個別株を選ぶこと。これは、一つの重要な投資作戦です。

前に述べたように、日本企業が全部潰れるということはあり得ません。不況と言われる中でも、必ず黒字を出し、時代を変える企業が出てきています。それらを地道に探して頂くことがまず一つ。

面倒くさい、そんな時間はないという方に、もし私が投資家だったらということでよくお勧めする方法は、今のこの円高を活かす方法です。これから先、もしかすると1ドル50円になるかもしれません。私はそうなると思っています。

仮に、失敗しても「2割程度なら耐えられる」という踏ん切りがつくのであれば、やっぱりアメリカ株です。アメリカ株でも皆さんが知っている優良な株がいい。あまり危ない株は買わない方がいいでしょう。

例えばアップルが時価総額でエクソンを抜くというのは、私には信じられません。アップルは何かを持っているのでしょうか。アップルの価値は何だと思いますか。30兆円近い時価総額の価値の中に知的財産権が入っていますが、私にはその意味が全くわかりません。

あの人たちが持っている知的財産権は、果たしてそんなに高い価値があるのでしょうか。エクソンモービルが持っている30兆円の中には、アラブの王様の原油の権益もあれば、でかい製油所も含まれています。エクソンモービルが生産をやめたと言ったら、一晩で石油の値段が倍になるぐらいのバーゲニングパワー（価格交渉力）があります。そのエクソンに30兆円の価値をつけるのは理解できますが、なぜアップルに同等の価値をつけるのかがわからない。だったらエクソンを買えばいいじゃないですか。それだけのバーゲニングパワーはあるのですから。

例えばジョンソン・エンド・ジョンソンはバンドエイド屋です。この会社のチャートを見てください。１９８５年からリーマンショックを越える２０１１年ぐらいまで、ずっと株価は50ドルでした。

もちろんプラスマイナスはあります。しかし、ほとんどは50ドル前後にとどまっています。それで年配当がだいたい5％で、多い時は8％ぐらいです。

株式分割も5回ぐらいはやっているのでしょうが、株式分割をやって株価が元に戻っているということは資産が倍になっているということ。１０００万円持っていたら、株式分割で1回５００万円になりますが、株数が倍になっている訳です。それがもう1回１０００万円になっているということは、つまり、２０００万円になるということです。

今アメリカでドル預金をしても利息は○・数％しかつきません。だったら、こういう会社の株を持つといい。中国人が昨日まで怪我をして血が出たと言ってつばをつけていたところに、これからはバンドエイドを使うのです。どれだけ売れると思いますか。そちらの方が希望があると思いませんか。

コカ・コーラも同じです。コカ・コーラはご存じの通り、ウォーレン・バフェットが大好きな銘柄です。彼は、「中国人が全員コカ・コーラを飲んだら大変なことになる」と言っています。私は中国人はコカ・コーラなど飲まないだろうと思っていましたが、先日、上海に行ったところ、よく飲まれていることがわかりました。彼らは中華料理を食いながら「コカ・コーラをくれ」と注文しています。これには驚きました。一方で、日本人は逆に中国茶を飲んでいます。バフェットの言うことには一理あるなと思いました。

冒頭の質問に戻ると、どんな株を買うかは結局、皆さんの感性で決めることです。ただ一つだけアドバイスするとすれば、個人の方は、技術革新のスピードが遅い産業の株の方がいいでしょう。

というのは、技術革新のスピードが速い産業だと何が起きているのかわからないからです。我々の唯一頼りになるツールと言えば日本経済新聞ですが、あの新聞に期待をするのは無理。最初から水鉄砲を持って戦場に行くようなものなので、あそこに出ている情報はお勧めできません。あまりにも武器が貧弱すぎます。私は英語が読める、大丈夫だという方は大勝負をかけてもいいかもしれませんが、お勧めするのはローテクインダストリーです。そういったところを個人の方が買うにはいいチャンスです。

株価70円が50円になっても、「おいおい」という感じで悠長に考えていれば、あまり怖いことはありません。我々は1ドル200円台から投資をしてきました。そうした人間からすれば、ここまで来たら怖いものなしです。

（2011年12月20日「AERAビジネスセミナー」分）

第5章

日本経済編①

円高も大震災も乗り越えた底力を検証する

震災後の日本経済

こういう仕事をしていますとみんなが困っている時に金儲けか！　という批判をすぐされるのですが、もう慣れてます（笑）。

っつーか、実際我々の年金もこの「金儲け」がうまく機能すれば今のままでも十分還ってくるのですよ。奴ら（厚生労働省）の運用がへたくそなのでだめなだけで、そういう議論なしに一方的に税金で補てんするという議論には全く納得いきませんぞ。

大多数の資金で国債だけ買っていたり、一律のＲＯＥ（自己資本利益率）で銘柄を選んで株を買っていたりで勝てる訳がないでしょう。

さて、為替については先週コメント致しました通りです。

投機筋に隙を与えない介入も今回はお見事。実際日本は国内資金が潤沢でこれだけ日銀が低金利での流動性を保っているので、レパトリ（海外へ投資していた資金を自国に戻すこと）は起こり得ない国なのです。しかし、では将来的に円安に行くのかと言われるとあまりそうも思えません。

今後復興需要、特に原発問題が大きい訳ですが、もしこれをきちんと処理するとして、今後の日本経済の動向を見ると世界中の投機資金が日本に向かってくる可能性はあり、です。ただ、これはいつも申し上げている通り「良い円高」であって、世界中からいろいろな物を買わないと生きていけない日本にとっては必要なことなのです。これだけ金利の低い通貨を買ってくれる——ということをむしろ有難いと思うべきなのかもしれません。

それは日本が今後も世界のために価値を生み出し続けるという確信が世界の人にあるからであって、それは投機とは違います。世界が日本を信頼しているその結果としての円高に文句を言ってはいけません。

ただ一つ申し上げておきたいのは、おそらく皆様の大多数が円資産のみをお持ちになっていて、外貨というと南アフリカランドとかブラジルの債券になってしまう傾向がありますね。しかし、それはやめた方がいい。

今回の震災でおわかりの通り、いざとなると日本中の資金が止まります。今回はみずほだけでしたが、私のメインバンクもみずほなので正直振り込みができなくなって何人もの方にご迷惑をかけるところでした。日ごろから危機管理をして現金を保持していたので危機一髪助かりました。まじで危うく倒産の引き金を引きかねないところでした。

ATMを週末に止めるなど、よくも恥ずかしくないな、と思いますが、他行から引き出すには上限があります。50万円すら集めることは不可能でしょう。

そうなるとやはりキャッシュなのです。そしてドルです。

どうせ金利は低いので運用とは呼べないとおっしゃる方もおられますが、もう何年も前からドルのキャッシュをお持ちになっておいた方がいいですよ、と申し上げています。例えば、万が一、原発事故が大きくなってから海外にお子様を逃がす時、どうなると思われますか？

今回のケースを見ていても、欧州の飛行機はいの一番に成田から逃げています。最低仁川《インチョン》まではたどりつく必要があるでしょう。

原発問題が大きくなっているとなれば円の価値も大きく減ります。原発問題が起きている国のキャッシュを使いたい人は多くないでしょう。

もっと言えば、そもそも日本円で航空券が買える保証はありません。いやな話ですが、アメリカの航空会社に対して「おれはドルで決済する」とオファーしたら、あなたの席が優先される可能性は大ありです。紙切れよりましですから。カードならもちろんＪＣＢよりアメックスでしょう。冗談ではないのです。私はロシアでもアジア通貨危機のタイでもドルを保有していたことで、はるかに迅速に行動ができました。

こういう危機管理を日ごろからあまりお考えになっていない方が多いのであえて申し上げますが、世界で流通するドルキャッシュを１００万円とは言いませんが20万円くらい手元に置いておかれるのは、こういう時に最大のリスクヘッジになり得ます。

原発が爆発してからでは世界中どこでも円なぞ使えなくなるでしょう。その時どうしますか？

という究極の質問が今回出てきたようなもので、この際、まさに円高の今、お手持ちの現金の一部をドルキャッシュ（トラベラーズチェックではありませんよ）に換えておくことをお勧めします。これは貴重なインフォメーションなのでブログには書きません（笑）。


そして株価。

これは今のまま行きますと東京電力次第としか言えませんね。

2日ストップ安（値幅制限400円）を続けて週末最終日にストップ高。もうふざけるなです。先物を売りまくって安値を作り、一番下がりやすい東京電力株を最後にカバーする。先物と現物の価格差を使って投機筋（最近はゴールドマンやモルガンも平気でやりますけどね）に儲けさせるだけの話になってしまいました。

ブログでも申し上げたように、こういう公的機関でかつ誰も予想できない原発事故のような事象（Force majeure と呼ばれ、戦争などもこれに含まれます）では元来取引停止にするべきなのです。需給だけでは適正な株価は維持できないことは皆さんもおわかりの通りで、こういう銘柄は取引から外すべきなのです。

おそらく東証は海外の投資家から非難されることを恐れていると思われますが、正々堂々とこういった主張をすれば外国人投資家も納得するしかありません。

来週も乱高下、それにつれて他の株価も行ったり来たりするでしょうが、こういった稚拙な運用しかできない東証は、本当に外国人投資家から見捨てられる日が来るかもしれません。

債券に関してはどうでしょうか。

日銀がこれだけ資金供給する＝国債を購入する、訳ですから金利が上がるはずがないのです。厳しいリスクウェート規制で縛られた銀行が一般の民間の企業に融資するはずもなく、その余った資金でひたすら国債を買う――これが現在の日本の金融市場の状況です。ですから私は過去10年以上、日本は金利が上がらないと言い続け（逆に必ず上がると言い続けているのは某藤巻氏）、今後も上がることはないと考えていたのですが、もしかすると今回はちょっと事情が変わるかもしれません。

復興を円滑に進めるために、東北方面への融資は銀行のリスクウェートの計算から外す――というような措置が取られるのであれば（私はやるべきだと思いますが）、もしかすると流れが変わるかもしれないな、と少し思っています。

国債はリスクウェートがゼロというメリットがありますが、所詮1％しか稼げない資産ですから、そこだけいじれば資金の流れが大幅に変わる可能性があります。

もしそういうシステミックな変更があれば……金利見通しを多少変える必要がありますが、現時点では不明です。通常通りであればこれまで通り金利が上がることは一切ない、ということになるでしょう。

復興債券などの発行により国債市場が需給で崩れるという専門家の顔をした「しろーと」がたくさん出て来ると思いますが全く可能性はありません。むしろ復興専用に発行する債券ということで多少プレミアムで発行される可能性が高く、ひところの国鉄清算事業団などと同じように扱われる可能性が高いと思われます。同じ政府保証で10ＢＰ程度プレミアムが付けば購入が殺到するというのが金融機関の運用現場の実情だ、ということを忘れてはいけません。

まとめますと――

今回の震災でジャパンリスクという話がいずれ出てくるでしょう。

しかし整然と避難し略奪も起きない素晴らしい国。どんなに混乱しても淡々とオペレーションができる中央銀行が存在する国。

一方でこんな時にシステム障害を起こす妙なメガバンクがある国（やはり三菱だけなのか……）。そして全く脳死状態の東京証券取引所を資本調達先にするという大きなリスクのある国。

政治、企業のマネージメントは全く機能していない国。

しかし何かあれば米軍が「トモダチオペレーション」で参加してくる国。

いろいろある訳ですね。

これらを総合してどっちに出て来るか。その結果が為替レートであり、評価が高ければ円高、低ければ円安ということです。

ただし、円安に行くということは基本的に日本売りです。日本という国に価値を認めないということですから、半端なレベルでは済まないということを覚悟するべきです。円高は悪だ、と言い続ける日本経済新聞がその時に何を書くか、今から楽しみにしておいてください。

（２０１１年3月21日発行分）

２０１３年の日本経済

今年の日本経済見通しはあまり難しく考えない方がいいでしょう。安倍政権が余計なことをしない（日銀法の改正などで日銀の独立性を脅かしたり、余計な緩和圧力をかけない）という前提ではありますが、アメリカの景気回復に引っ張られるのは確実で輸出産業は久々にわが世の春です。くどいようですが、円高・円安などは実は輸出に全く影響を与えておらず、実際は外需そのものに左右されるということが貿易統計で明らかです。

戦後最長と言われたいざなみ景気の最中、リーマンショックに至るまで、日本の輸出は円高にもかかわらず、増えに増えて、バブル期の倍にあたる80兆円に達していました。これでも円高が輸出にマイナスだ、という議論をする人が多いのですが、もはやこれは暴論です（笑）。

これに円安が加われば輸出企業はまさにウハウハでありますが、このいざなみ景気の間、サラリーマンの所得は下がり続けたことを忘れないでください。今回もいくら輸出が増えてもサラリーマンの所得が上がることはありませんから、GDPの60%を支える消費はますます減退、円安による輸入物価高により、更に生活は苦しくなる。そこに消費税増税、電力料金値上げ、復興費の名を借りた所得増税が追いかけてきますから、内需関連は総崩れ。

日本経済全体でみると淡々と沈んでいくことになります。

輸出依存度が15%しかない日本が生き残る道は一つしかなく、もっと外に活路を求めるしかない——というと皆さんはすぐ製造業のことをお考えになるのですが、すでにGDPにおける製造業の比率は20%を切っているのですから、私が申し上げている外に活路を見出すというのは実は非製造業、つまり国内にあるサービス業の海外進出がカギになるということです。

金融業が良い例で、海外事業が国内事業の規模の5倍くらいあるのが欧米の金融機関の現状です。ドイツの銀行も、フランスの銀行も国内での稼ぎの何倍も海外で稼いでいる訳ですから日本もそれと同じことをすれば良い訳ですね。

その場合、日本独特のサービスとモラルの高さ——銀行員がにっこり笑う、預金の引き出し額を1銭も間違いなく出す、素早い札勘などなど——を引っ提げていけば勝ち残ることは間違いないと思うのは私だけでしょうか。

金融業に関して言うと、今回の円高の最中に海外の保険事業を買収できなかったのはちょっと残念で、銀行業はともあれ、保険業と投資銀行業はどうも日本があまり得意な分野ではないので、そっくりそのまま買ってしまう方が得策でした。これからまだチャンスだと思いますが、要するに例えば金融業がどれだけ海外に進出できるか、というのがキーになる訳です。

もちろんその他サービス業も同じことで、旅館業、飲食業、運送業など、日本が抜群の競争力を保有するものは多々あるのです。シンガポールではマクドナルドよりモスバーガーの方が店舗当たりの売り上げが多い、というのが良い例ではないですか。

どんどん縮小する国内市場にとどまらず、あらゆる業種の日本企業が外へ出ていくことに成功すれば日本経済に活路あり、ですが、ますます縮小する国内にとどまっている限り、あまり良い未来は描けない、というのが今年の見通しになるでしょうか。

為替についてのお問い合わせが多いので一言申し上げておきますね。かなり長い間80円近辺をうろうろしていたのでボラティリティーがかなり低く、こうして突然動き出すとオーバーシュートするのが常です。所詮レンジでしか動かない期間が長かったので、コストを稼ぐために期間を長くしてオプションを売ったりするのが常だからです。そのカバーが入れば当然オーバーシュートしますので、今やるべきことは本当に円高が心配な輸出企業があればここでしっかりヘッジを入れてしまうこと。78円とか言っていたころから比べれば雲泥の差なのですから、文句を言わずにヘッジする。

私は円高でも何も悪いことはない……とずっと言っていましたが、どちらかにポジションをとれと言われればドルを買いますよ、ということは何度も書いてきましたね。為替はファンダメンタルズ通りに短期的には――これは2～3年くらいのタームではという意味です――動かないものである、という私の信念に基づくものです。

80円から上下20％、つまり64円になるのと、96円になるのとどちらの確率が高いか言えば実は全く同じで、であればファンダメンタルズからではなく、ラスベガス的に96円だろう、という話も書いています。

ただし、これは単なるギャンブルポジションですから80円でドルを買って64円になったらもう1回買う、ということになります。バカラの張り方と一緒です。

なので、こうなると経済メルマガではなく、ラスベガスメルマガになってしまうので、こういうことはあまり書かない――ということになりますが、為替の短期相場とはそういうものだ、ということをさんざん申し上げているので、今回もやるとなると同じこと――ドルを買うことを考えずにヘッジする人はして、ドルを買いたければこれらがすべて終わった後……焦って買う人が買って立ち去ってから買いましょう、ということになります。その時は85円だから高いとか、80円だから安いという「水準論」は禁物です。

どこの水準であろうと、強いと思ったら買う。水準論あるいはチャートというのは幻想にすぎません。過去の分析には使えても、将来の見通しには使えない。

そしてくどいですが、どういう結果が出るかは――やっていることは競馬と同じで――ファンダメンタルズは関係ないということを忘れないでください。

もし10年保有するというなら、間違いなくドルを買っておけばよいでしょう。これは円安という意味ではなく、ドル高という意味だということもこれまでずいぶん書いてきました。

このあたりはセミナーでも少し詳しく話してみたいと思いますが、とりあえず、あいさつ代わり（笑）。


（２０１３年１月７日発行分）

アジア通貨危機の防波堤になっている日本銀行

一般メディアは理解しようともしないので誰も取り上げませんが、実はアジア、というか日銀は欧州危機に巻き込まれ、第二のアジア通貨危機にならないように先手先手を打っており、先日東南アジアの各国（ＡＳＥＡＮ諸国）に対し、いざという時にスワップラインを提供し、日銀口座による直接資金決済を行うことをさっさと決めているのです。危なくなったら円を提供して決済しまっせ、という取り決めですね。これまで直接的に危機に直面していた韓国に対してのみ提供していたものを拡大した、と解釈して頂いてかまいません。

例えばこんなニュースが出ていますね。

円と人民元　直接取引　来月にも東京、上海に市場

円と中国の通貨・人民元を直接交換する為替取引が、6月にも始まることが明らかになった。日中両政府が東京と上海に市場を整備する方向で最終調整しており、近く正式に合意する見通しだ。現在、円と人民元は米ドルを介在させて交換されており、手数料が割高になっている。直接交換が実現すれば、決済費用の削減につながるほか、手続きが簡単になることから、日中貿易の円滑化や取引拡大が期待できる。

円と人民元の直接交換を巡っては、昨年12月に北京で行われた日中首脳会談で、直接取引市場の整備を進めることで合意し、2月から両国の関係当局による作業部会で協議を進めていた。

（読売新聞　2012年5月26日朝刊）

読売に限らず、多分ジャーナリストはこのニュースの持つ重要な意味がよくわかっていないのではないかと思います。

つまり、日本はアジアで唯一のG7の国であり、簡単に言うと他のG7の国の中央銀行、例えばアメリカの連銀と直接取引ができる口座を保有していますが、他のアジアの国は直接取引ができず、どこかの国の中央銀行を経由しない限り、アクセスする権限がない、ということなのです。

つまり中央銀行同士が常にフリーアクセス状態になっている、というのがG7の事実上の意味合いであって、中国は如何に大国といえどもフリーアクセスはない。今回の取り決めはその中国のために日本が一肌脱ぎましょう、という話なのですね。

これまでドル建て取引しかできなかったものが直接円で取引できるようになった、という解説が多いのですが、事実は真逆で、日銀が中国政府のドルの円滑な資金循環をお手伝いしましょう、という話な訳です。

日本の政策決定は遅い、とかなんだとか文句を言われることが多い訳ですが、この欧州危機に対する日銀の対応は実に素早い。韓国などはこれでどれだけ通貨が守られているか、本当に感謝状どころの話ではないのですが、何せメディアがちゃんと取り上げないので何が何だかさっぱりわからないのです。サムスンが日本企業より優れているなんて、ばかな本を書いていないで、日本のお陰で韓国が破綻を逃れている、ということをきちんと認識するべきです。

どなたかがおっしゃっていましたが、これでは本当にGive and Give そして Give and Taken（うまいですね）の国になってしまいます。

日本（日銀）がアジア諸国の財政・金融政策安定においてすごい仕事をしているんだ、ということをこちらの読者の皆様はぜひご理解ください。

因みに私は日銀から1銭も頂いてはおりません。もらうとしたら日銀券なんでしょうかね（笑）。

（2012年5月28日発行分）

IMFに関する大いなる誤解

すでにIMFに大量に融資をしている日本ですが、そのIMF経由で大変な資金がユーロに貸し付けられています。そして出資額ではアメリカに次いで2位なのですが、融資残高を入れるとダントツで日本がNo．1なのです。

これはG7、G8の度に交代したばかりの「財務相」が自分が偉い、とスタンドプレーをするために融資を約束して帰ってくるためで、日本は「国際高速輪転機」とまで呼ばれています。それなのに首脳会談ではあんなに冷たくされるのですから、全く「スネ夫」状態ですよね（笑）。

さて、そのIMFが日本に対し消費税を上げなければ日本は破綻するという警告をしている、と堂々と新聞に出ているものをご覧になった方が多いかと思います。そんなに日本が財政破綻に近いのなら日本から金を借りたら、日本は余計危ないではないか、ということになり、通常ですと、そうですか、消費税を上げねばならないほどワタクシの懐が危ないのでしたら、貸したお金は早く返してください……となるはずですね（笑）。つまり彼らは本当には危ないと思っていないのです。ではなぜ、こういう発言になるのか。

答えは簡単でＩＭＦには出資金第2位、総合第1位にふさわしい日本のためにポストが必ず設けられており、そこには定期的に財務省の大変優秀な方が出向されているからです。つまり、ＩＭＦに財務省の意向をしゃべらせることくらい、赤子の手を捻るがごとし、ですね。当たり前の話ですよ。これ、どこの新聞記者も知ってて言わないですからね、本当に性質《たち》が悪いのですよ。

因みに現在は篠原尚之副専務理事という大変優秀な財務官僚が出向されており、ＩＭＦでは事実上Ｎｏ．３の権力者であります。

これらのお金は国会審議を経ずに勝手に拠出されているもので、悪名の高い特別会計から出されています。ＩＭＦの場合は外国為替資金特別会計を使っています。

この穴埋めに消費税を上げて使おう、ってんですから、だまされてはいけませんぞ。

余談ですが、特別会計だったものがいつの間にか一般会計にすり替えられ、税金で穴埋めされた例は過去にもあるんですよ。インチキそのものですが、一番有名なのは国鉄、そう、皆様がご活用されているＪＲがそうです。

彼らは全国民の税金で救済された会社なんです。その割には偉そうだ、と思っているのは私だけでしょうかね（笑）。

という訳でＩＭＦに関するご質問にお答えするコーナーでありました。

（２０１２年5月21日発行分）

レバサシ経済学

なんじゃそりゃ？　とおっしゃるなかれ。

レバサシがいよいよ販売停止になるという。ついでに生肉そのものもダメらしく、私の夏のスタミナ源、オーバカナルのタルタルステーキまでが販売停止の憂き目にあうそうです。マイッタ……。

こういうことをわざわざ政府が禁止し監視していく訳ですから当然監督官庁の権限が増えますし、それに応じた人員も増強され当然それらは税金で賄われますので、生肉くらいは自分のリスクで何とかするのが当たり前でありまして、騒ぎすぎると政府の思うつぼ、という好例でありましょう。自分の食べるものくらい自分で選びましょう!!

一方経済学的に見ますとこれ、考察対象としては結構おもしろいのです。

当然、希少性の法則により、これまでも何十年も新鮮なレバサシを提供してきたところは、絶好の稼ぎ時。あほな焼肉屋が３００円で危ないレバサシを出していたころはその価格を意識せざるを得ませんでしたが、もはやいくらでも食べたいという輩が出てくるでしょう。

あなたがそのお店の常連で何十年も通っているなら、もう勝ったようなもので、焼き肉用レ

バーと名付けられたそのレバーを、

「大丈夫ですよ、お客さん、うちのは今までのやつですから……」

なんて言われればそのまま食べてしまえばいい訳です。客が焼き肉用と書いたものを勝手に生で食べてしまった——ということになれば別にどうということはない訳で、現実にその種の新鮮な肉を提供する有名店は7月になっても予約を入れられない状態になっています。当然300円というライバルがいない訳ですから、生で食べても大丈夫ですよ、というものは相当値上げすることができますね。

しかし、これが可能になるには日ごろからのコネと情報が必要な訳で、これこそが経済学でいう「付加価値」に相当するのです。つまり付加価値とは物そのものについている価値に限定されず、こういった、コネ、ブランド、情報ネットワークなどすべてにおいて付加価値がつき得る、ということを認識することが必要です。

それらを様々な要素に分解すると、実は安心・安全といった、お金で測れないような要素が出てくるのですが、今の経済学はこのあたりの分析が苦手です。

安心・安全に払っても良い、というコストが人によって違いすぎる訳ですね。

ただ、このレバサシでわかるように、今後はこういうことが価格要素として大変重要になってくると私は思っております。例えば大飯原発がほんとに安全かどうかを議論する時に世界中の保険会社を集めて入札をさせてみればいい訳です。日本の保険会社は東芝や日立との取引関係があるので、200億円くらいの保険なら提供するかもしれませんけど、多分海外の保険会社で事故保険を引き受けるところは皆無でしょう。これほどはっきり「危険度を検証させる方法」は実は他にないんですけどね……。

また、岩手県と東京都で、違うところはたくさんありますが、例えば横断歩道に立った時に車が止まる確率は岩手ではほぼ100%です。東京では20%程度でしょうか。

また、託児所の問題も岩手では普通に隣の農家のおばさんに預かってもらったりしています。もちろんお礼くらいはするんですが、コストはほぼゼロです。

それらのコストを総合した場合、住宅価格の本当の価値はどう評価されるべきか、というようなことが最近の経済学では問題にされています。もちろん近所にある学校の偏差値評価なども住宅価格と深い相関関係があることが最近のアメリカの住宅市場では明確にされています。

付加価値をどう判断するかは誰かが決めることではなく、皆さん一人一人の価値観がそれを決定することになるので、専門家による一面的な経済予測はますます当たらなくなりますし、今後起きてくる経済現象は相当に皆様の「本能的」な部分、もしくは「直感」が支配することになってくると思われます。

これは金融の世界でも当然同じで、結局ご自分の直感が一番正しい、というのが正直なところなんだろうと思います。

因みにこの5年間運用の世界で一番勝ったのは誰でしょう、という話をしますとおもしろいことになります。

私は持ち株だったのであきらめています（ボーナスの一部を株式でもらい、取締役としての必要株数を満たす必要がある状態だったので仕方なかったのです）が、5年前にモルガン・スタンレーなどの金融株を持っていたとすると価格で60％以上やられ、更に円高でやられています。外国株は新興国を含めほぼすべて半分以下で、円高を考えると3分の1くらいになっていても普通です。

ところがもし円のまま、日本国債、もしくはゆうちょの定期貯金とかにしていたら、年率で1・2％は確保できていたので複利で計算すると7％以上資産が増えていた計算になります。そして円高の影響で購買力の増加、というボーナス、そして物の価格が下がる購買力の増加というスペシャルボーナスまで考えると、どう見ても10％以上の実質利回りを確保した計算になりますね。すごいことですよ、これは。

でもそんなことはだーれも言わず、資産フライトだ、早く資産を逃がせ、とかつまらんことをあおっている専門家と称する人々が多い訳です。インチキです。彼らが相当な給料をもらっていることでもそれはわかりますね（笑）。

1980年代から日本経済破綻論と原油枯渇論というのが繰り返し出て参りまして、結局原油も確認埋蔵量はどんどん増えていますし、日本経済も破綻するどころか21年連続で対外資産額が世界一という状況です。

正直、資産フライトして本当に儲かる人は10億円以上資産を持っている人に限られます。実はそういう人でなければ買えない「本物の」投資商品というのが多数存在し、それらはリーマンショックを乗り越えて今なお健全なのです。

逆に言えば1億円程度までの資産保有者は、低金利とはいえ、円高と物価下落の恩恵にあずかる場合がほとんどで、その人たちの比率がはるかに大きい訳です。

労働人口は一般的に6000万人と言われるのですが、製造業及び製造業関連における雇用者はすでに1000万人を切りました。ちょうど輸出依存率と同じくらいなのです。

ご存じの通り製造業より金融業などの人に高給取りが多い訳ですから、可処分所得で見たら直感的にもっと製造業での雇用比率が低いことがわかりますし、実際そうなっています。

これでも円高で日本が破綻すると言う人がいるのですから、開いた口がふさがらないというか頭の中身は確かなのか、くらい考えてしまいますね。円高亡国論とはそろそろお別れをして、クルーグマン先生のように事実に基づいて、直感を大事にして生きていきましょう。運用もそれで大丈夫。まずは1億円以下の資産をフライトさせてはいけません。

（2012年6月18日発行分）

安全と正直がガラケー普及には欠かせない

先週から、アメリカのベンチャー投資では5本の指に入る会社を経営している私の友人が来日しています。彼とブレーンストーミングをしたその内容を少しご紹介しましょう。

実は私はスマートフォンを持っていません。先日、5年3カ月使ったガラケー（ガラパゴス・ケータイ）が壊れたので、もう1回ガラケーを買い直しました。友人はシリコンバレーではトップクラスの投資家ですが、このケータイ電話を見て、「これはあり得ない。アメリカでこんなものは絶対売れないけれども、俺は欲しい」と言うんですね。

このギャップがわかりますか。

なぜアメリカでは売れないのかと言えば、これを他人に持っていかれたらすぐに使われてしまうからです。迅速に止めればいいことですが、アメリカは国も広いし、なくしたことに気が付かないことも多い。しかも通信会社に電話をしても、日本のようにすぐには止めてくれません。たらい回しにされているうちに、他人に使われてしまう可能性があります。更に言えば、お財布ケータイを使いこなせるだけのインフラストラクチャーが現在のアメリカにはありません。

つまり、安全と正直という、お財布ケータイで一番重要なインフラストラクチャーがアメリカにはない訳です。落とし物をすれば、親切に届けてくれる人たちが住んでいて、盗んだものは勝手に使ってはいけないという教育を受けている人がいる国でなければ、ガラケーのような製品を作っても売れないのです。

●モバイルスイカはあってはならない世界なのか

ｉＰｈｏｎｅから「えきねっと」にアクセスし、一生懸命新幹線のチケットを予約しても、駅でチケットに替えなければなりません。そのため、彼は先日、大阪から帰ってくるときに、「えきねっと」でチケットを購入しました。

「取れたぜ。ｉＰｈｏｎｅはすごいぜ」と自慢している彼を尻目に、私はモバイルスイカを使ってそのまま改札口を通ろうとしました。すると彼が「おまえは切符を持っていないだろう」と言います。そこで、「これで乗れるんだ」とモバイルスイカを見せてやりました。

飛行機でも同じです。彼はやはりｉＰｈｏｎｅで予約して、「ＪＡＬのグローバルクラブ会員だから俺は偉いんだ」と言って、窓口で手続きをしています。彼が「おまえも早く手続きをしろ。さすがに飛行機はモバイルスイカでは乗れないだろう」と言っていましたが、「いや、乗れるんだ」と言うと、もうびっくりです。彼らにとってはあってはならない世界かもしれません。

ガラケーで写真も撮れるし、音楽もダウンロードできます。しかも違法ではありません。

日本人は、他の国の人が使いたいと思うものをすでに持っている訳です。ということは、あとは世の中が変わるだけ。

私は変わると確信しています。なぜかというと、便利な方がいいからです。iPhoneなんか、みんながいつまでも持っているとは思いません。

（2011年12月20日「AERAビジネスセミナー」分）

テクノロジーを学問としてとらえた日本

前項の続きです。

アメリカのベンチャー投資家である私の友人の話で印象に残った言葉があります。

「サイエンスについては悪いけれども、アメリカは日本より進んでいるかもしれない」

これは確かにそうでしょう。世界の最先端の技術のほとんどがアメリカから生まれています。ところが、その後となるとどうでしょうか。ちょっと怪しくなってくるのです。

例えばアメリカにMIT（マサチューセッツ工科大学）という学校があります。ここはユニバーシティではないことをご存じでしょうか。ハーバード・ユニバーシティなどと同列ではありません。テクノロジーは学問ではないからです。

ところが、日本は非常に早い時期からサイエンスを科学技術という言葉として受け止め、学問としてとらえた。つまり、大学で教えるものであるとして、世界で一番最初に大学に工学部を作りました。東京帝国大学が工学部を開設したのです。

つまり、日本人は科学と技術を離れ離れにしたら絶対にうまくいかないことをわかっていた。学問をどんなに究めても、実際にモノができなければしようがない、科学技術という概念をものづくりに落とし込まなければならないこと、マニュファクチャリングができなければ意味がないことを理解していたのです。

●円高の日本にはアイデアを実現できる人もマネーもある

一方、アメリカを見てください。

製品を支えるユーザーはアメリカにもいますし、世界中にいますが、アメリカにはすでにものづくりのベースはありません。

作れないのです。作ったところで日本に負けます。アメリカで一番厳しいとされる消費者レポートの車部門のトップ10に入った車は、すべて日本車でした。GMが復活したとか、ヒュンダイが躍進しているとか、いろいろ言われますが、シビアな消費者の目で見たトップ10は日本の車なのです。もうこの時点でアメリカは日本に勝てません。

ベンチャーで一番困るのは、いいアイデアがあるのに、それを実現するものづくりの機能がないことです。アイデアを実現しようにも、もう人がいない。これは日本にしか存在しません。だからみな、わざわざ日本に来て、東京・大田区の小さい工場に頼み込んで試作品を作ってもらっています。

更に言えば、日本にはものづくりを支える大事な「何か」があります。それは、なんだと思いますか。マネーです。世界中で純粋に資本投資ができる国は、日本しかありません。円高の日本が、アイデアを実現できる人もマネーも全部持っている。ということは、どう逆立ちして考えても、日本は負けようがないのです。

私はウォールストリートで二十数年間働いてきましたが、長年、日本はアメリカにぶん取られてきました。特にマネーの世界はそうです。さんざんいいようにやられて、滅茶苦茶な状態になっていましたが、ついにアメリカもここを明け渡した訳です。

●中国には何一つとしてまともなものがない

確かにサイエンスについては、アメリカはまだ強い。逆に言うとここに賭けています。ありとあらゆる力を投入して、ここだけは離さないと懸命になっている。しかし、あとは全部日本です。だったら、アメリカの大学と組んで何かやればいいのではないか。そういう仕事が今、私の周りでいろいろと進んでいます。だから、私は全く希望を捨てていません。これだけのものがそろっている以上、負ける訳がありません。

日本は中国に抜かれるとか、韓国に抜かれるなどと言っている人は、本当に頭がおかしい。中国には、何一つとしてまともなものがない。ものづくりをする人がいません。誰が何を作るというのでしょう。何も作れません。

「最近の若い者は……」とよく言われます。「どうして日本人は海外に行かなくなったんだ」と上の世代にぶつぶつ文句を言われていますが、それは、ＭＢＡの数を見ているだけです。

私もＭＢＡに行きましたが、ＭＢＡで習ったことと言えば「ハイリスク・ハイリターン」の教えぐらいでしょうか。あとは、あまり役に立っていません。「ＭＢＡに来る日本人がいなくなって大変だ」「日本はもう後れを取っている」と言われますが、そうではないのです。

「何でＭＢＡに行かないの？」という疑問を持つのは50代でしょう。「給料が高くなるから」「ゴールドマン・サックスに行って3億円もらった方がいいだろう」などと考えています。

しかし、今の若い子たちは、お金なんて欲しいと思っていません。シアトルに行って、「君はどうして、こんなところにいるの？」と聞くと、「ここにやりたいことがあったんです」と答えます。「日本にいた方が給料がよくない？」と尋ねても、「でも、ここにやりたいことがあったから、僕はここにいるんです」と返されます。それを聞く度に、こういうやつは自分の世代にはいなかったなと思います。日本はもっと希望を持つべきです。

（２０１１年12月20日「ＡＥＲＡビジネスセミナー」分）

高齢化社会で日本経済はどうなる?

皆さんは頭のどこかで「老人は消費をしない」という思い込みをしているのではないでしょうか。要するに、「高齢者は貯金ばかりしている。お金を使わないだろう」という思い込みです。

私は1983年に就職をしてからいろいろな会社を見てきましたが、老人をターゲットにしたビジネスを本気でやろうとした会社はほとんどないのではないでしょうか。60歳以上から元気な90歳までの消費市場を開拓しようと本気で考えた人がどれぐらいいるのでしょうか。非常に疑問です。

例えば京王百貨店は、百貨店業界で唯一増収増益が続いています。ご興味があったらぜひ見に行かれるといいと思いますが、完全に老人に特化している。通路の幅も広いし、ショーウィンドーに出ている価格の字も大きい。要するに、老眼鏡をいちいち出さなくても買い物ができる工夫がそこかしこに施されています。

当然、置いてある商品も老人向けばかり。冗談で「京王のデパ地下に行ってもせんべいは売ってないぞ」と言ったことがありますが、それぐらい老人に特化しています。これが日本全国で通用するかどうかはまた別の問題ですが、おそらくこうしたビジネスは誰も本気で考えなかったのではないでしょうか。60歳を超してまだ元気で、好奇心があって、歩いて買い物に行って、自分で何かをしたいという老人が出現した国は、多分日本が最初ですよ。

よく北欧は良い国だと言われていますが、実際にスウェーデンやフィンランドに行ってみてください。60歳を過ぎたらもう完全におじいさん、おばあさん扱いです。社会保障があるので食うには困りませんが、これで人生楽しいのかなと考えてしまいます。

確かに生活には困らないでしょう。病気になれば病院に行けるし、送り迎えもついているし、デイケアも完璧です。しかし、若い女の子に隣で絵本を読んでもらっておもしろいでしょうか。私はそんな老後は嫌ですね。自分の足でキャバクラに行ったりした方が楽しそうです。結局、高齢化社会で大切なのはそういう部分じゃないでしょうか。

なんとなく「高齢者はおカネを使わない」と多くの人が思い込んでいますが、老人マーケットにチャレンジをする最初の国は日本です。中国も、韓国も、みんな日本の後を追いかけてくるだけ。老人マーケットはこういうふうに作ればいいというモデルを日本が示せば、彼らはその後についてくるでしょう。その意味では、私は逆に「希望を持て」と言いたいですね。

一つだけ余計なことを言わせてもらうと、「80歳になっても老後が不安だ」と高齢者に言わせてしまうのは問題です。その不安感はやはり取り除いてあげなければいけない。80歳になったら、さすがに医療費はただにするとか、住むところは国が提供するとか、そういうことをやっていく必要があるでしょう。

60歳定年を65歳に延ばすとか延ばさないとかでもめていますが、そこから先のマーケットは全く未開拓なので、私は非常に希望を持っています。
（2011年12月20日「AERAビジネスセミナー」分）

第6章

日本経済編②

「日本が崩壊する？」そんなデマを信じちゃいけない！

日本国債についてのQ&A

先週の配信にはたくさんのご質問を頂きまして恐縮です。

票数というかご意見の多かったご質問をいくつかピックアップして少しずつ解説していきます。

なるほど、そういうところに疑問を持たれるのか、と改めて新鮮な驚きがございました。貴重なご意見をくださった皆様、感謝申し上げます。

ただし、ブログにも書きましたが明らかに「その筋の方」の質問も多数ありまして、それらをこちらで説明するにしてもあまりにも専門的にすぎるのでその辺はご理解くださいませ。

では、アトランダムに参りましょう。

【質問1】

ソブリン格付けが下がるということは結局日本の信用力が下がるということで、その意味で債券格付けが下がったのと同意ではないのか？

そうではないのです。

まず繰り返しますが、「ソブリン格付け」とS&P社（以下SP）が呼んでいる格付けでは債券（日本国債）の純粋な返済能力ではなく、その国の国としての力、信用力を総合的に判定しているとされています。つまりそこには政治安定力、政権担当能力など様々なファクターを組み込んだ上で国の総力を格付けしているのであり、債務返済能力を厳密に判定したものではないと彼らは説明しています。

（前に細かく質問をしたことがあるのですが、あくまでSPとしての総合判断だと答えてきました。つまりこのソブリン格付けとはあくまでSPの主観的判断であり、債券格付けとはおのずから性格の異なるものだと認めている訳です。債券格付けの方はきちんと発行体（この場合なら日本政府）から依頼を受けて格付けするものですからそれなりの責任が発生し、気軽に格付けできない訳であり、今回のアメリカの証券化商品の問題でも、あまりにも格付けがいい加減ではないか、と格付け会社及びそれを依頼した証券会社を訴えるという動きがある訳です。しかし、このソブリン格付けはそういった責任感をもって付けたものではなく、あくまでも勝手に付けたものだということをSPも認めている訳です）

その意味では菅首相や与謝野大臣は本当に大笑いで、純粋な日本国債の返済能力ではなく、自分たちの政権担当能力が低いことこそが（SPは民主党の政策がはっきりしないと説明していますが……）、ソブリン格下げの大きな原因の一つだと指摘されているにもかかわらず、それを日本の財政危機とすり替えてしまっている訳です。自民党はそれこそあなた方が無能なのが原因で格下げになったのだ——と言えばいいのに、同じ財政問題に拘泥してしまったところが情けない。

この点をはっきりするべきであって、それらと国債の返済能力、倒産可能性を混同することはあってはなりません。間接的には国力の低下が返済能力に影響を及ぼすことはあり得ますが、必要十分条件とは言えません。

逆に言いますと、もし政権がしっかり運営されていれば今回のソブリン格付けの格下げもなされなかった可能性まである訳です。にもかかわらずソブリン格下げの理由のすべてを財政危機だというのはもう、これは暴論もいいところです。例の「蚊の多い所に結核の患者が多く発生する」という間違いと一緒な訳です（実際は蚊が発生するような温かい所で養生する結核の患者が多いために患者数が多く見えるだけで、蚊が直接の原因ではないということ）。

さて、そうなると元来の「日本国債の格付け」との兼ね合いはどうなるか、とのご質問が出てくる訳でこれも結構頂きました。

これは、何度も申し上げますが、日本国債に格付けはありません。というか付けようがないはずです。なぜなら今の経済学では先進国の自国建て通貨の債券についてはデフォルトしない、というのが前提になっていますのでこれは仕方ありません（もしこれを否定しにかかると今流通しているドル、ユーロ、円などは兌換性がないのでそれは通貨価値がないのと同じ、という話になる）。

結局、国は徴税権があるので最後は国民負担でちゃらにしてしまうことになります（事実消費税を28％にすると今の借金がすべて返済できるという計算もある訳です。しかしそれでいいんですか、ということですよね）。

もし無理に日本国債に格付けを付けるとなれば、通常の企業と同じように細かく収入内訳、資産算定などをした上で返済可能性を追求せねばならず、日本政府自身が自らの資産査定を放棄して、債務ばかりを強調している現状では、それは一民間機関（ＳＰやムーディーズ社）には不可能な話になります。これは小泉政権の時に話題になった国のバランスシートづくりとも関わってきます。

だからこそ、それをわかりきっているので……２００２年の時には財務省がそれこそ火の玉のように大反論した訳です。

ところが、なんで今回はしないのか。そこに特別な意図を感じるな！――という方が無理でしょう。

確かに日本語のプレスリリースでは、長期債務に関する格付けを含むとも書いているのでそれが下がったというご指摘もありますが、それはあくまでも単なる「意見」の範囲でしかありません。因みにこういう格付けのことを業界では「勝手格付け」と呼んでおり、ほとんど相手にされないのが実情で、なぜあれだけジャーナリストや国会が騒ぐか理解ができない――というか、やはり特別な意図を感じる訳です。また、自国建て長期債務の優先債券という妙な表現をＳＰは使っているのですが、これが何を指すのか（今流通している日本国債と同じものを指しているのか）、明確な回答はありません。

いずれにせよ、正式に運用判定に使われる債券格付けとソブリン格付け（勝手に主観的に判断するもの）は異なるということをしっかり理解して頂く必要があるでしょう。

ですから、一民間評価会社の他愛もない評価をなぜそんなに過大評価するのかそもそもわからない、ということになりますね。

では、そもそもＳＰというのは一民間評価会社として信頼できる会社なのでしょうか。これは申し上げた通り、この会社の過去の評価実績は惨憺たるものな訳です。欧州通貨危機で債務借り換え危機に直面しているスペインのソブリン格付けが日本より上だというのですから、元来はなぜだ⁉　と２００２年当時のように日本政府が聞き返すのが普通ですが、ところが今回はダマテンを決め込み、これ幸いと増税のネタにしようとしている、ということを申し上げておきます。

【質問２】
そうは言っても日本国債はこのまま行くと返済不可能なのではないか？

この質問も多数頂きました。大新聞の洗脳はすごい力がありますね（笑）。

論点は二つあるでしょう。一つはすべてを返済する必要が元来ないのが国、特に先進国の債務であるということ。つまり８００兆円すべて返す、という前提に立つ必要は全くないということです。なぜか、と言われても世界中がそれを基準に動いているからとしか言いようがありませんね。逆にこれを世界中が順守しようとすれば経済規模が一気に縮小して世界中で大恐慌になるでしょう。クルーグマンもユーロについてはこの点を厳しく指摘していますね。

逆に言えばもし債務ゼロが健全なのだ、とするなら日本経済（他の先進国も）は一切成長をしないと宣言することになります。どんなに必要なものがあってもお金がたまるまで待って、そうしなければ絶対投資しない、ということが国民のコンセンサスであるならそれはそれでいいと思います。ただしそれではもはや資本主義とは呼べないでしょう。

実際、道路、橋などのインフラを含めてどのくらい生活水準が下がるのかはわかりませんし、そうなれば医療費などすべて自己負担になるでしょう。ですからそれこそ子孫のことを一切考えずに未来への投資をゼロにするなら、国の債務を全額返済することは速攻で可能です。しかし、それは国の姿としては異常です。借金をしても、できる範囲で将来の国民に豊かな生活を確保することが国の政策であるべきですよね。

その点からすると、日本はこの低金利ですから十分サステイナブル（持続可能）な範囲で借金をしていると何度も申し上げている訳でして、海外から借金をしない限り絶対に大丈夫です。

私は賛同しかねますが、そもそも日本の借金が増えてその分信用力がなくなり円安になり、そうなれば輸出が増えると日本経済新聞はおっしゃっている訳ですから、それで借金を返せるでしょう（そもそも円安になると原料になる鉄鉱石や原油を買えないですよね、と申し上げてはいるのですが……（笑）。

そしてもう一つの論点は、では百歩譲って……もし日本の財政が破綻することがあるとすると、それは一体どういう事態で来るのでしょうか？

何度も言いますが、10年国債を1％程度の金利ですべて国内で調達をして、1ドル80円という過去史上最高に近い強い通貨があり、しかも貿易、経常収支が黒字のまま債券の返済及び借り換えができなくなる——なんてことは絶対にありません。もしこれでも危ないとするなら世界中の国が即刻デフォルトです。

そしてこれも何度も言いますが、債務のGDP比と国の倒産の間には全く合理的な関係がありません。タイも韓国もGDP比20％程度の債務状態で倒産しています。それは海外からの借金に頼っていたからです。ですから、この数字を抜きにしてGDP比の債務比率を出しても全く意味がない。先程の蚊と結核の話と全く同じです。

一方で皆さんが何らかの理由で、少しずつではなく、明日一斉に預金を解約するなら、銀行がそれに対応して国債を売却するので間違いなく「破綻」します。しかし、そんなイクストリーム（極端）なシナリオを考えて政策運営をするところに経済合理性はなく、それなら富士山噴火に明日から備えましょう、と言って毎日それを想定した生活をする——というのと同程度のレベルの話でしかないのです。

当然キャピタルフライトというものは、じわじわと時間をかけて起きてくる訳でその時には間違いなく円安になるはずです。日本経済新聞は円安で企業業績が良くなると主張していますから、それならこれはむしろ歓迎すべき事態ではないでしょうか（笑）。

そのために日本国内で国債を買うニーズが減り、金利が上がりかつ円安になるというのが破綻への一つの道筋です（食料から何から何まで買えなくなるはずです）。

しかし残念ながら、今日本からキャピタルフライトするべき高金利の国というのは危なっかしい国しかない訳です。これでアメリカの金利が7％くらいあれば可能性はあったと思いますが、ほぼすべてゼロな訳です。アメリカ国債10年債で3％の金利と言っても、80円が79円になれば手数料込みでは完全にマイナスになります。個人で買おうとするとばかみたいな手数料を抜かれるので、実際には1％台なのではないでしょうか。

ブラジル、南アフリカなどの投資先も伸びていると聞きますが、あれだけの政治リスクとインフレリスクを取るのですから、その「保険」として金利が高いということを理解する必要があります。まさにハイリスク・ハイリターンです。まあ、これを理解しないで投資されている方がたくさんいるのは残念でなりませんが……。

ですから財政破綻論者はキャピタルフライトがある日突然起きるか否かという点に賭けている訳で、それなら私が富士山爆発が明日起きる、と騒いでいるのと同じようなもので、そりゃ、理論的にはあり得るのかもしれませんが、それでは予測というより極めて蓋然性の高い可能性の一つ、と言うべきでしょう。まず彼らは、どういう事態になれば財政破綻を引き起こす突発的キャピタルフライトが起きるのかをきちんと説明する必要があるはずです。

もっと言いますと、このキャピタルフライトの議論は80年代からずーっと続いています。彼らは当時からずーっと、日本は財政が危ない、円から資金が逃げ出すぞ、円安だぞ、日本国債は10%だ、と言い続けているのです。この手の主張をされる方は結構いますが、まあ、いつまでも懲りずにまだ本までお出しになっているのはご立派で、こうなるともはや「芸風」と言うしかないのですが、30年間外れ続けているこの予測（?）は一体何を意味しているか、よく考える必要があります。もはや狼少年状態です。

要するに経済学者を含めてこういう人々は金利差、インフレ率、全く客観性のない財政赤字のGDP比率など一見もっともな数字を見せて語る訳です。しかしそれらと財政破綻やキャピタルフライトに本当に厳密な関係があるのかと言われると、私が書いたような反証がいくらでも出てくるのです。しかしこのことは無視する。

因みに私は長い間金融業をやっていてキャピタルフライトの最大の要因は金利だとかインフレではなく、国としての、あるいはお金を預けておく場合の安全性なのだと思います。

その点住みやすく、治安が良く、すべてが整っている日本に資本を置いておくことはあまり不自然ではないと思います。

日本人もすべての方が老後をアメリカで送るのだ、というようにはならないですね。むしろ逆に金持ちになった中国人が老後は安全な日本に住みたい、と言い出すのかもしれませんし、現に子供を連れて日本に来たいという金持ちの中国人は私の周りにたくさんいます（余談ですが、彼らを投資移民として5億円程度の国債購入と引き換えに受け入れてあげたらいいのではないかと思いますけどね。シンガポールなどがやっている手ですが、彼らは高額納税者かつ大消費者ですから、日本に悪いことは一つもないと思うのですが真剣に検討されたという話は聞きませんね）。

そしてその上で税制の議論が出てくる訳ですね。これについても多数ご質問を頂きました。消費税、消費税、と菅さんは財務省に言われるがままに主張しますが、なぜ消費税がいいのですか？　という点については全く説明がありませんね。私はおそらく簡単に取りやすいから、ということではないか、と思っていますが（痛税感がない、と表現されますね）。

もし本当に消費税がいいのなら、消費税を上げた方が所得税や他の税金を上げるより優れているということを、納得できるようにきちんと国民に説明する必要があるのではないでしょうか。

しかし事実は全く逆。つまり格差是正をうたっている民主党にとって消費税は「真逆」の性格を持つ税制です。これを民主党が出してくる（特にカンチョクト〈菅直人〉）というところに、彼らが如何に何も勉強していないかということが露呈されることになります。

元々消費税導入を決めた竹下首相は極めて洗練された答弁を国会でされていました。

消費税の問題点については以下だとしています。

（1）逆進性

（2）不公平感
（3）社会の中堅層への過重な負担
（4）痛税感がないから、税率の引き上げが容易
（5）納税手続きの事務負担
（6）インフレ（便乗値上げ）

そして導入から20年以上たった今、このうち何が本当に問題になるのかということもわかってきました。

そのＮｏ．１が（1）の「逆進性」。つまり貧乏人が金持ちと同じもしくは過剰な負担を抱えてしまうという一点な訳です。金持ちも貧乏人も一日に食べる量や飲む水の量は一緒ですからね。貧乏人の方が収入に比較すればはるかに多くの負担をすることになります。

そういった逆進性の極めて高い、格差を助長する税を導入してまで財政を補てんすることが本当にいいことなのか。うそにまみれた財政危機論議に巻き込まれ、後世のためとか自分の子供世代のためとか思って納税することになる人々が、このあたりをきちんと認識しているとはどうにも思えない訳です。

総じて３０００万円以上年収のある国会議員にとっては、所得増税よりこちらの方が好ましいに決まっていますす。ですから我々庶民は危なくもない財政を補てんするために、これだけ逆進性

の高い消費税を持ちだされて黙っている訳にはやはりいかないでしょう。

日本の財政はこのまま行っても十分にサステイナブルです。消費税を上げればそれだけ役人が使える予算とその権限が増えるだけであって、むしろその消費税増税分を逆に減税し、国ではなく皆様が個人的に好きなところに使うという発想が出てこないのが不思議ですね。国の方が本当に有効なお金の使い方ができるのかどうか、それは成田空港や今度の羽田空港を見てもらえば結論は明らかだと思います。成熟した日本社会では硬直化した官僚組織を有する国よりも、日本国民一人一人の方が圧倒的に有効な使い方をすると私は信じています。

格差是正を訴えたはずの民主党がこうやって格差拡大に手を染めているのは何とも複雑な気分になる……のは私だけではないと思います。

そして最後に、消費税など増税をした場合の景気後退に対する影響も全く議論されていません。これだけ内需の不足に苦しんでいる国で増税をすることが何を意味するのか、これも真剣に検討する必要があるでしょう。「景気後退をさせない増税もある」と言っている人は、あのリーマンショックを「蚊に刺された程度だ」と言った人ですよ。私と彼とどちらが正しいかは過去のブログを読んで頂ければすぐわかります（笑）。

さて、その他のご質問も多岐にわたっており、1BPバリューの計算方法、国債の入札の方法、個人向け国債の安全性などなど、かなり頂きました。これらについてはおいおい機会を見て取り上げさせて頂きますが、今回は取り敢えず最大公約数的にお答えできそうなものをまずピックアップさせて頂きました。

皆様にお返事できるのはちょっと時間がかかると思いますが、しばしお待ちの程をお願い申し上げます。

たくさんのご質問、心より感謝申し上げます。


（2011年2月7日発行分）

日本国債はデフォルトしようがない
――増税の必要はゼロ

さて、予想通り震災のどさくさにまぎれて増税しようという話が盛り上がって参りました。ついでに年金財源まで囲い込もうというのですからさすが財務省、まあ用意周到です。しかしだまされてはなりませんぞ。日本の財政は完璧なのです。

ではなぜ日本の財政が危ないと言う人がいるか、という点です。

これについては、原子力発電は安全だ、と言い続けてきた連中を「原子力村」と呼ぶのであれば、日本の財政は危ないと言い続けて増税を助けようとする「財務省村」とでも呼ぶべき学者、エコノミストなどの存在をまずあげねばなりません。

第一に、彼らは日本の債務を必ず返済しなければならないという前提に立っていますが、これが間違っていることは前にも書きました。

問題なのは返済できるか、ではなく、借り換えできるか、であり、究極的には現在ある約800兆円の金利相当1％（実際はもっと低い）にあたる8兆円が払えるかどうかが問われているに過ぎない訳です。そしてそれに見合った借り換えが続けられるかどうか（サステイナビリティー）が問われることになります。

このことはもしかすると東京大学ではそういった「財務省村」の学者が封印しているかもしれませんが、世界中、ハーバード大学でもコロンビア大学でも、ＥＮＡ（フランス国立行政学院）でもどこでも財政学の常識として教えられていることです。

更に日本の場合、ほぼ100％日本国内で調達している訳です。つまり貸し手にあたる債権者は日本国民そのものです。金利が上がったらどうするのか、という議論がある訳ですが、その分はすべて日本国民に還元される訳です。金利が2％になれば16兆円の利息が国民に分配されるだけですからマイナスはゼロです。これが海外に流れて行ってしまうから問題であって、そういったギリシア、アイルランド、アルゼンチンと同列で比較される訳ですよ。ばかですね（笑）。

こういう単純なことがわかっていない人が多すぎる（個人的にはわかってても言わないんだと思います。財務省に睨まれたら仕事できない人が多いですからね、銀行や証券会社のエコノミストやストラテジストは。原子力と同じ構造なんですよ、この業界も）。

そしてもっと言いますと今回のアイルランドが重大なヒントをくれている訳ですね。日本の場合、債権者が国外にいない訳です。結局債権者は日本国民です。アイルランドは債権者であるEUに勝手にデフォルトさせたければさせろ、と開きなおっている訳ですが、これは一面真実です。

つまり日本がデフォルトする事態とは、債権者である国民が日本政府に「お前、返せないならデフォルトだ」と宣言するその時点でしかあり得ない訳です。

日本の財政が破綻すると言う人には、そういう事態がどういう事態なのかを具体的に説明してほしいのです。何回もお願いしているのですが、誰も説明してくれません（笑）。

銀行が国債を買わなくなるだろうって？

日本の銀行が日本政府に対してデフォルトを宣言できるとでも思ってますかね、もしかして？その時はその銀行もデフォルトと同義です。破綻した国の銀行を相手にする国はありませんからね。日本の銀行にそれはできません。自分で自分の心臓は止められないのです。

結局起こり得ないことを想定して数字だけ並べて大変だ、と言っているに過ぎず、具体的に何が起きたらデフォルトなのか、ということを考えると、そういう事態にはなり得ない訳ですね。ですから机上の空論です。国内で95％も国債を消化している国でデフォルトした例は過去にありません。皆無です。

ですから逆に言えば、日本国債の40％程度を外国人が持っていてその外国人がお前らデフォルトだ、と言えばデフォルトする可能性がある訳です。その場合とは、40%、つまり今の日本で言うと300兆円くらいを余計に、ある日突然国内でファイナンスしなければならない訳ですからね。そういう事態があればもちろんデフォルトする可能性がある訳です。

その意味では、債務の外国人保有比率と国のデフォルト比率の間にはきちんとした正比例の関係がありまして、外国人保有比率が増えれば増えるほどデフォルトしやすくなる、という事実は多々あり、これに対する反証は今のところゼロです。

だからアイスランド、アイルランド、ギリシアもデフォルトして、今問題になっているポルトガル、スペイン、イタリアも債務のGDP比率の大きさの問題ではなく、この外国人保有比率の高さが命取りになっている、ということが明確に言える訳です。

ところがすべての新聞、テレビがGDP比の債務比率というやつを使う。特別な意図があるとしか思えないでしょ?

これだけ反証があるのに何考えてんだか……。

今週の『AERA』にも書いたのですが、ちょっと字数不足でわかりにくいと思うのでメルマガ読者向けに詳しく解説いたしますと、要するにGDPに比べて180%も債務があるとか言われるとなんとなく凄いよな、GDP、つまり稼ぎの倍も借金しちゃってるのか……と思う訳です。これ、観念的な思い込みなんですけどね、まあ、イタリアでさえ120%とか言われるとそうかな、と思ってしまう。

であれば、先程言ったようにＧＤＰ比の債務比率が増えれば増えるほど国のデフォルトが増え、それが少なければ少ないほどデフォルトが無い、という証拠がなきゃいけない。

しかし、実際はＧＤＰ比で２６０％も行ったイギリスも破綻しませんでしたし、逆にＧＤＰ比ではわずか10～20％程度しか債務がなかった韓国やタイがアジア通貨危機で破綻した、という話で、反証だらけなんですよ、これ。アルゼンチンもロシアもＧＤＰ比での債務は極めて小さかった。

つまりＧＤＰ比の債務比率は実際の破綻とは全く相関関係が無く、ＧＤＰ比の債務比率をどれだけ減らしたところで外国人の保有比率が高ければ、韓国やタイ、アルゼンチンのようにデフォルトする訳であって、日本がその範疇に無いことは明白でしょう（特にこの債務が外貨の場合、その圧力はより大きくなる訳です。ですからまず、例外なく外貨建ての国債からデフォルトが起きるのです。そして日本国には外貨建ての債務は１銭もないのです）。

そして毎度毎度これを書くことになるのですが、肝心の財務省自身が発言した次の内容は完璧です。もしこれに間違いがあったとするなら、その間違いをきちんと国会で話すべきでしょう。私から言わせれば完璧な答えで何一つ修正する必要が無いように思います。秀才は自らの才能に溺れる、という良い例です（笑）。

２００2年4月26日付　日本格下げに対する意見書　財務省　黒田財務官

「日本は世界最大の貯蓄超過国であり、国債は国内で極めて低金利で安定的に消化されている。また、日本は世界最大の経常黒字国であり、外貨準備は世界最高である」。従って「日米など先進国の自国通貨建て国債のデフォルトは考えられない。デフォルトとして如何なる事態を想定しているのか」となっています。

この内容、修正するとすれば一つだけ。外貨準備世界最高は中国に変わったことだけ。しかしながら、現在の日本の外貨準備は1兆ドルを超えており、この発言があった２００２年当時の日本の外貨準備は約４０００億ドルであるから更にその安全性は増している、と考えるべきでしょう。

デフォルトとして如何なる事態を想定しているのか？

まさにその通りではないですか。実は財務省自身が認めたように日本の財政は極めて安定的で、増税の必要はどこにもないのです。

（２０１１年5月16日発行分）

TPPを裏から読む

TPP（環太平洋戦略的経済連携協定）のことは講演会ではよく頼まれてしゃべりますが、メルマガではあまり取り上げてきませんでした。

正直、騒ぎに比べて内容があまりないのです。考えれば明らかなことばかりで驚きがないと申し上げた方がいいでしょうか？

数字だけ並べれば実にシンプルです。

まずいつも問題になる農業ですが、これはGDPの1％にも満たない産業にかかわる話です。ですから話の中身がどうあれ、1％のために残りの99％を犠牲にするかどうか、だけを問えば良いのです。それだけの価値があると判断できるなら、それはそれでいいでしょう。

ただし事実把握は重要で、日本の農産物の平均関税はすでに世界で低い方から数えて2番目。アメリカの5・5％に次いで日本が11・7％、因みに韓国に至っては62・2％ですから。

よく韓国を引き合いに出す人がいるのですが、この数字を見れば比較すること自体が大間違いだということがおわかり頂けると思います。

それから食料自給率と農産物の輸入額の間には何も相関関係はありません。フランスは食料自給率100％ですが、国民1人あたりの食料輸入額は700ドルをはるかに超えています。それに対し日本の食料自給率は40％と言いますが、食料輸入額は３００ドル程度で、これも先進国では米国の次に低い。

つまりカロリーベースで計算される食料自給率が低い――と発表する農水省の欺瞞により、国民はとんでもない量を海外から購入していると思いこみ、これでＴＰＰが始まったら日本の農業は壊滅する――なんて考えてしまう。完全にハメられてます（笑）。

結論的に言えば、農業はコメを除いて‼ 世界的に見ても十分「開放」された市場です。従ってメリットがあるとすると……関税をゼロにするアメリカ向けの輸出の増大の方で、特に日本が得意な高級品の分野では農業輸出が加速する可能性が高い、ということになります。むしろ日本が農業輸出国として世界に名乗りを上げるチャンスと見ることも可能です。

実は製造業も同様です。これもＧＤＰではせいぜい18％に満たない産業で、関税率も自動車以下、すでに十分に低い。アメリカの車が売れないのは品質の問題で、この円高で実際、輸入車のシェアは上がってきていますね。アメリカの車だけ売れてない。これは純粋に経済性と性能の問題です。

問題があるとするとＧＤＰの残りの80％を占めるサービス部門なのです。これがＴＰＰによりアメリカに乗っ取られてしまう、という可能性ですが、これは日本のみならず、ＴＰＰに参加を表明しているマレーシア、シンガポール、ベトナム、オーストラリアなどにとっても共通する問題です。彼らと同じ船に乗る訳ですから日本だけがこれに対処するという訳ではない。

しかし、よくよく考えてみると、果たして日本のきめ細かいサービス産業にアメリカのサービス業が太刀打ちできるのでしょうか。

ディズニーランド、マクドナルド、ＩＢＭなどもアメリカ生まれの会社ですが、すべて日本の法人として独立し、今や本国にノウハウを提供しているくらいです。セブン－イレブンだってアメリカの会社が潰れたものをイトーヨーカ堂が二束三文で買って来たものですよ。

つまりアメリカのサービス業は日本では立ち行かない――ウォルマートすら成功しない――例は枚挙にいとまがありません。

日本のきめ細かいサービスに対抗できるものがあると思う方が間違いで、むしろこちらから出ていけるものは無限大かもしれません。何度も言うように1円もおつりを間違えることのないモラルの高い銀行など、アメリカの預金総額の半分くらいシェアを取るかもしれません。これが自由に出て活動ができるとなれば、これほど魅力的なものはありませんよね。

一方で、個人的に明らかにアメリカのサービスが上だと思うのは保険の分野です。しかし、これは皆さんの「使用者のメリット」の方がはるかに多いはずです。

日本の保険会社がどれだけ不払いをしているか、社会問題になりました。私事ですが、先日も母親の医療費を請求した時に紙切れ1枚で済むアメリカの保険会社の保険申請書と、何十枚もの書類を意味のわからないマニュアルを見ながら書かねばならない日本の保険会社の申請書を見比べて唖然としました。

これを70歳の老人に要求するなら、事実上の不払い、未必の不払いに相当すると言ってもいいんじゃないかと思います。

そういう意味では、アメリカの保険会社と競合するためには今までのようにテレビ広告に多額の広告費さえ出しておけば勝てる、というビジネスモデルは崩れ去り、アメリカの保険会社と対等に勝負できる魅力的な商品を開発するしかない、という意味では生き残りを賭けねばなりませんが、逆に言えばここはアメリカの保険会社の進出により、消費者メリットの塊のような業界になります。


更に申し上げるべきはＴＰＰを全く別の角度から見せる「補助線」とでも言うべきものがあるということです。これを考えるとＴＰＰ交渉そのものが全く別物に見えて来る可能性すらあります。

日本には、すでに貿易の最大相手国はアメリカではなく中国なのだから、アメリカとそういう自由貿易協定を結ぶこと自体意味が無いのだ――という恐ろしい議論があります。つまり中国こそ最優先されるべき貿易相手であり、アメリカとの協定はそれを阻害する可能性がある――中国が欧州と自由貿易協定を結んだら日本の輸出は無くなってしまう（所詮ＧＤＰの18％の話をしているのですが）――という訳ですね。もっと言えば中国の機嫌を損ねたらどうするのか、と言っているにも等しい意見です。

しかし実は、ＡＳＥＡＮはすでに２０１０年から中国との二国間（多国間）ＦＴＡ（自由貿易協定）を締結実施しています。もちろん、ＡＳＥＡＮ諸国にとっては日本以上に中国が最大の貿易相手なのです。しかしその結果何が起きたのか？

元来ＦＴＡは対等なものです。しかし結果的には予想通り、中国の一方的な侵害・侵略を許すものでしかありませんでした。

ある程度予想していたとはいえ、タイの自動車産業など壊滅的打撃を受け始めている産業もあるのです。所詮共産主義国相手に対等な貿易相互条約を結ぶなどということはそもそも不可能なのです。

そこで立ち上がったのがベトナム、シンガポールといった国々で、日本を如何に中国に対抗する貿易圏の中心に巻き込めるのか――という議論が出て、その最短距離にアメリカをも巻き込めるこのＴＰＰがあったという訳です。実際に両国からは何回も日本に対しＴＰＰへの参加を促す動きがありました。

つまり、このまま一方的に中国に隷属的貿易関係を強いられることを避けるためには、単にアメリカとの関係を作ってもそれはだめで、東南アジアの一部をなす日本を抱え込んだ貿易協定をアメリカと結ぶことが不可欠だ、と彼らは考えているのです。

東南アジア諸国からＳＯＳが出てきている、と言っていいかもしれませんね。

どの政治家もテメーのこと、下手をすると自分の選挙区のことしか考えていませんし、発言もしないのですが、ＴＰＰとは今やこういった東南アジアの国々の期待を一身に背負ったツールでもあるのです。ここから日本が撤退してしまった時の彼らの落胆はどれほどのものがあるでしょうか。

そして今、この補助線まで含めて考えている政治家がどれだけいるんだろうか、というのが皆様にお伝えしたいポイントです。

現実的には日本がアメリカに「侵略される」ような分野はほとんどなく、あるとすればそれは「消費者メリット」に直結する＝今既得権を握っている業界にとってはたまらない話……というだけのことです。

皆さんがそういった独占的非効率な業界に同情をする必要は全くありませんし、また角度を変えて見れば、広く東南アジアの国々とのパートナーシップをより強くするという側面でまさにアジアにおける「自由と繁栄の弧」を日本が築き上げるチャンスととらえることもできるのです。

（２０１２年２月13日発行分）

検証：野田首相は本当に何も知りません
――びっくりしました

さて、この項では皆様の「直観力」と事実を駆使して野田首相の発言を検証してみましょうか。

結論から言うと、彼こそ、「何一つ自分の頭で考えたことがない」ということが明らかになった、ということでしょうか。そして首相をやるにはあまりにも知識不足、勉強不足です。一体毎日何をやっているんでしょうか。

ここでは今週の『週刊文春』（2012年4月5日号）に出ていた阿川佐和子さんとの対談を題材にしてみます。

阿川さんはご存じの通り大変インタビュー上手でいらして、ここでも腕の良さを見せつけています。ご本人は警戒されないように上手に逃げつつ、徹底的に相手の知識の薄さを引っ張り出してくる。お上手ですね。本当は相当性格が悪いのかもしれませんが（笑）。

この対談を読む前にまず、次の文章を見てください。

平成19年度のお金の使い方でわかったことがあります。2万5000人の国家公務員OBが4500の法人に天下りをし、その4500法人に12兆1000億円の血税が流れていることがわかりました。これだけの税金に、一言で言えば、シロアリが群がっている構図があるんです。そのシロアリを退治して、働きアリの政治を実現しなければならないのです。

これ、誰の発言だかわかります？　そう、野田首相ご自身の衆院本会議においての発言で、だからこそ消費税を上げる前にこれらを解決するべきで2013年まで消費税そのものは凍結する、というマニフェストを掲げて民意が賛同し、民主党が政権を取ることになります。

その無駄の排除として、この話と議員削減などの話が取り上げられ、まずこれをやった上で消費税をどうするか、解散して信を問いましょう、という話だった、ということを思い出してください。

対談ののっけからもう、これらの話は完全に無視してひたすら消費税、消費税と阿川さんを説得します。

勉強していないのが見え見えなのがまずこの部分。

「負担についても、今は赤字国債を発行し、将来の世代からお金を借りてきて、現役世代を養っているというイビツな状態です。これも各世代が公平に分かち合う形にしなければいけない。何が一番公平な税金か？　私は消費税だと思います。」

まず、赤字国債の発行は将来世代の負担には必ずしもなりません。利益にもなっています。支払金利のことばかり財務省の役人に刷り込まれていますが、日本人が発行総額の95％を購入しているので、その金利はほぼ100％日本国民に戻ってきています。そして発行している国債がすべて50年債券ならそうも言えるでしょうが、その多くは5年未満の債券ですから現行世代による負担と金利収入があるというのが現実です。

そして更にびっくりするのは、

「一番公平な税金が消費税だと思います」

と言い切っていること。これは何も勉強していない、と言っているに等しい。初めて消費税を導入した竹下内閣でも、その後税率を上げる橋本内閣でも、いの一番に問題にされて、国会で審議されたことは、消費税の持つ「不平等性」でした。

通常「逆進性」という言葉が使われますが、これは皆様もすぐお気づきになる通りで、片方で若い人に負担を残さないために今財政削減をしなければならないと言いながら、若年層が最も負担比率が高くなる消費税をここで上げるというその矛盾が、発言している本人がわからない。勉強していない。

経済的に専門性が低いことには目をつぶるにしても、歴代内閣の総理大臣が消費税を上げるにあたり何に腐心してきたか、くらいはきちんと把握するのが「消費税を上げる」歴代の総理大臣の役割で、その消費税の一番の欠点はまさにその逆進性なのです。これは「世界の常識」です。

いつも言いますが、50歳を超えたおっさんの私が日常的に消費する量と、小学生の育ちざかりのお子様が2人いる家族が消費する量とでは比較にならないのです。その彼らが私より余計な比率をやむを得ぬ消費の中でさえ、負担しなければならなくなる。

最低、衣（子供中心）・食・住に関しては非課税にしなければその逆進性は解消されません。これができない理由もはっきりご存じないようですしね。

更に、これも全然ご存じないようでびっくりしますが、その引き上げようとしている消費税の中で今最大の不公平が起きているのが輸出業者（特に大手）とその他企業の消費税納税問題。

海外へ商品を輸出しますとその生産にかかった国内での消費税額を還付する「消費戻し税」という制度がありまして、現在その金額は3兆円にも達します。円高で大変だ、潰れそうだ、と日経新聞と徒党を組んでいる大企業（輸出上位10社）だけでなんと1兆円も還付されているんですよ。実際に消費税を上げた時に税収増になると言い張っている財務省でさえ、その金額はせいぜい4兆円と見積もっています。

意図的にそう作ったかどうか、そこまでは不明ですが、日本の今の制度だと途中で誰がどれだけの消費税を払ったかが不明なので、一番「おおもと」にいる最終販売業者である自動車、家電、電機などの超大手企業に戻されるだけで、中間でかかわった中小納入業者には1銭も返されていないのです。

これが輸出上位10社だけで1兆円還付される。彼らは円高の度に大変だ、と騒いでいる大ばか者連中なんですよ。ですからこのまま消費税を10％に上げるとその還付金額は6兆円に達し、企業業績が良くなり、業績連動の偉い人たちのボーナスだけ上がり、皆さんの給料は円高で上げられない――と言って言い訳され、結局消費税増税分を払うのも皆さんです。

この税金のどこが一番公平なのでしょうか？

そしてそのあとの段で、阿川さんがそもそも天下りの問題なんかを民主党は勝手に棚上げして消費税、消費税と連呼し、どうして順番が逆になっちゃったのか、と突っ込んでいます。

これに対し首相は
「民主党が政権を担って以降大きく変わったのは（中略）四十六兆円（平成二十一年度）と見込まれていた税収が（中略）三十九兆円弱に落ちた。（中略）やはり（減った）七兆円は大きかったんです。」

と説明しています。だから税率を上げて税収を上げねばならない、という訳ですが、民主党政権になって急に税収が下がった訳ではないのです。

実は97年に消費税を3％から5％に上げた時点から、当時54兆円あった税収はその後減り続けて42兆円になってきているのであって、民主党政権になってなんかの加減で減り始めた訳ではありません。だからこそ消費税を上げても税収は増えないのであって、民主党は無駄を省いてその分を補おう、と言った訳です。ですからこれも完全な勉強不足ですね。都合の悪いことは財務官僚が何も言わないんでしょうが、このくらいのことは自分で勉強できるはずです。

更に野田首相は年金制度についても
「昭和三十六年に国民皆年金・皆保険という社会保障の根幹ができて以降、多くの元気な人たちが一人のお年寄りを支えるという、いわば胴上げの社会で（中略）このままでは（中略）高齢世代がサービスを受けるという今の社会保障の形は、もう保《も》たない（以下略）」

と制度そのものが高齢化と人口減で耐えられなくなっている、と説明しています。ここも、日本の新聞を筆頭にみんな間違っている点でもあるのですが、今の年金制度はすでにこれらの人口減を大前提に組まれていて、昨日今日突然人口が減ってしまい、将来持たないことがわかったという訳ではありません。

それどころか今の計算に使用している出生率は1・26という数字でずーっと計算されており、今の人口1億2000万人が100年後に4000万人になるということも前提にされています。

そして昨年（2011年）の最新の国勢調査ではこの1・26が1・35に改善!! しているのに、野田首相も大新聞も「ますます悪化する」と平気で言ったり書いたりしている。また、もう少し言うと高齢化のピークをこれまで41・3%と計算していたのですが、少なくともこの100年間は40%台を超えないことがやはり今回の調査で判明したのです。ますます悪化する、どころか予測より良くなっていることがわかった訳ですね。

ますます悪くなっているという前提で年金問題を語るなんて、このあたりを押さえておけばあり得ないはずです。

その後原発問題などについてはこちらでは言及していませんが、何もわかっていない人が指導者になっているというこの現実を皆様、理解されるべきです。

そしてこのまま消費税が上げられれば間違いなく景気は悪くなります。自己防衛しようにも、相手が消費税ですから我々はせいぜい消費を減らして我慢する、冬の時代を過ごすことになります。

（２０１２年4月2日発行分）

消費税……
あのね、付加価値税じゃないからね！

ついにやってしまった消費税。おそらく戦後最悪の不況に突入するでしょう。

もうさんざん文句を言ってきたのですが、いくらなんでも政治家の不勉強がひどすぎますね。財務省のペーパー通りしゃべっているのが見え見えです。

まず、よく政治家の方が欧州では……という比較をしていますが、あちらは付加価値税でありまして、消費税ではない。何が違うかって⁇

付加価値のついていないものには税金がかかりません。

つまりレストランで料理を食べると付加価値税を払いますが、じゃがいもをスーパーで買えば付加価値がついていない、と判断され、付加価値税はなし。まあ、農作物にも付加価値があるではないか、という議論ももちろんありますが、このあたりも日本とは比較にならないほどさんざん議論しつくして詰めまくって決めている経緯があります。そのあたりをご存じないのですよ。

アメリカではこれは地方税なので、州によって取り決めが違います。ただあくまでも地方財源なので、極端な話いやなら隣の州に引っ越すという手があり、事実これは結構あります。税率の違いを見極めて引っ越し先を探す訳ですからこれは合理的ですね。日本は逃げられません。

それからこれも政治家が誤解しているのですが、「欧米並みの間接税比率を達成する」という表現ですね。つまり消費税は日本は低すぎる、もっと欧米並みに上げろ、というのですね。確かに数字上の5％は低く見えます。しかし、直接税率と間接税率の比率を見てみると日本は間接税率の、つまり消費税の占める比率がすでにかなり高く、少なくともアメリカの倍くらいあるのです。もし消費税を10％にするとこの比率は世界最低、つまり世界で最も間接税比率の高い国になる――言い換えると、所得税、資産税などの直接税比率が世界で一番低い国になるのです。

従っていつも申し上げているように私は税金を上げるなと言っているのではない。

本当に消費税でよろしいのですか？　という議論がなされていないことに腹を立てているのです。所得税、特に高額所得者への課税、全体のわずか数％にもならない相続税（これは自民党が強硬に反対しています）などを見直すべきかどうか、の議論を全くスルーして消費税に前のめりになっていく、野田首相の姿勢に疑問を呈している訳です。

更に言えば電力料金などはすでにアメリカに比べると倍近い値段になっているのですよ。そこに更に消費税が載ってくる。重税感はアメリカの比較にならないほど強いはずです。

政治家の方々でこのあたりの知識がある方がほとんどいないですね。一部民主党の議員、共産党の議員の方々くらいでしょうか、きちんと理解されているのは。

ただ、彼らはメディアにあまり出てこないので、余計に他の議員の不勉強が目立ちます。

因みに所得税プラス資産税の負担率を見てもこれらは明らかで日本は11・2%、アメリカは15・9%、フランスは18・6%となります。

要するに見直すべきは所得税、資産税、相続税であって、消費税ではない、ということになります。これらを自民党は絶対やりたくない、なのに自民党案を丸呑みして前のめりになった結果がこれだったというテイタラク。

早く選挙やって落としちゃいましょう‼

（2012年7月2日発行分）

クルーグマン先生の財政分析

まさに財政の崖の議論にかかわるのですが、クルーグマン先生の次の指摘は大変重要でそっくりそのまま日本の財政の議論にも当てはまります。

これだけいる経済学者がこういう議論を一切しない——というか、する人を表に出さない——という日本の言論統制は北朝鮮並みに異常です。

先生の指摘は全くの正論なのですね。

ちょっと長いので全文訳とはいきませんが、まとめますとこういうことになります。（http://krugman.blogs.nytimes.com/2012/12/15/further-notes-on-one-trillion-dollars/）

Put these together: \$400 billion that doesn't increase the debt-GDP ratio; \$450 billion or so in slump-related revenue loss; \$150 billion or more in slump-related expenses; and guess what: the ONE TRILLION DOLLARS is basically just a depressed-economy story, having nothing to do with any fundamental mismatch between what we want and what we're willing to pay.

〈アメリカの財政赤字が1兆ドルもあってとんでもない、という議論は極めてミスリーディングである。もしそれが使いたくもないようなものに散財して1兆ドルにもなってしまったというならそれは問題だが、実際には全く違う原因によってもたらされた財政赤字なのだ。

まず、債務の増え方がＧＤＰを超えて増えているかどうかだが、そのうちの４０００億ドル相当は、もしデットもＧＤＰの増分である年間４％のペースで増えていたらこれは自然増であるために、この４０００億ドル相当は経済成長による自然増と考えねばならない。

更にもし完全雇用であれば当然達成できたであろう税収が、失業率が高いために不足している。予算局の統計によると完全雇用であればおよそ16・５兆ドル程度のＧＤＰになったと予想され、税収の平均値ＧＤＰの18％を採用するとそこで約５０００億ドルが稼げていた計算で、これも経済動向によって説明できる数字である。コンサーバティブな17・５％を使って４５００億ドルと見てもいいだろう。

更にいわゆる所得保障費（メディケア、失業保険など）が支出されており、これはこのグラフ通り、約１５００億ドル程度追加的に支出されているとみられる。

これらを合計するとちょうど1兆ドルになる。

すべて現在のマクロ経済の動きから計算できるものばかりで、何かに余計に金を使ったり、余計な支出をした結果ではなく、つまりすべては経済の不振が引き起こしたものばかりで、オバマ大統領が支出しすぎた、という批判は全く当たらない〉

というのが結論です。

日本についても全く同じことが言えるわけでして、経済停滞によるやむを得ない、マクロ経済上の財政赤字と、全く無駄な浪費をした政府支出が議論の中で、それこそ全く「仕訳」されていない。

これは大変な問題で、皆様にもだから増税だ‼　と言われる前にこのあたりの議論をきちんと見て頂くことが重要だと思います。

（２０１２年12月17日発行分）

あとがき

これが二冊目の著作となりました。前作が２０１２年9月刊行でしたので、数カ月の間に新しい本を出すことになった訳ですが、私の基本的な考え方は変わってはおらず、前作に続いて日本経済の長所、すばらしさを皆様に再認識して頂きたいという趣旨でまとめてみました。

前作との大きな違いがあるとすると、アメリカの復活がいよいよ本格的になってきたことでしょうか。これまでともすれば中国をはじめとする途上国に目が行きがちだったと思いますが、先進国で唯一人口が増え続け、オバマ大統領の演説にあるようにマイノリティーをもアメリカ国民として平等に取り込んでいく、という多様性からくるアメリカの発展余力というのは並々ならぬものがあるはずです。

戦後60年余、そのアメリカと最も良い関係を築いてきたのが日本です。うまくすれば日本にとっても最良の4年間を迎えられるかもしれない、と真剣に考えているところです。私自身、投資銀行の仕事をしているのでわかるのですが、この数年間多数のアメリカ企業が中国熱に浮かされて、それこそ怒涛のごとく中国に投資をしました。

日本と中国は所詮同じアジアだし、あまり違わないだろう、それであれば1億人の市場より10億人の市場だろう、という訳ですね。その中でジャパン・パッシング（日本通過）などという言葉までささやかれていました。

しかし、今彼らは大きな損失を抱えて後悔しています。

金は払わないのが当たり前（本書で触れましたように中国における最大のビジネスモデルは「踏み倒し」です）、約束は守らない、自分たちは途上国だと言いながら突然アメリカに対して居丈高に自分たちの価値観を押し付けてくる――4000年の歴史を持つ「中華」国家にアメリカという近代国家の常識が全く通用しないことに衝撃を受けた訳です。

そして今、再び日本に対する熱い視線がある訳です。アジアで頼りになるパートナーはやはり日本だと気が付いた訳です。

日本人ははったりをかますのも下手ですし、正直決断も遅いのかもしれません。

しかし約束したことは必ず守り、常に相手の立場を考えてビジネスをします。こんな優良なビジネスパートナーは他にいない、ということをアメリカの企業も再認識したと言えるかもしれません。

日本企業の生きる道は欧米流になることでもありませんし、まして中国と同じことをする必要もないのです。我々が得意にしている、遅いかもしれないけれど、地道に、約束した結果を必ず出す、という「ジャパンスピリット」こそが今、世界で見直されているのです。

世界が待ってくれているのですから、ここで出ていかないとなると大和魂に反するではありませんか。

その意味では、オバマ大統領ではありませんが、日本企業及び日本人にとっても新たな“Journey”が始まったと言えるかもしれませんね。そしてその Journey は Not complete です。私は微力ながらそういう皆さんの応援を続けていきたいと思います。

なお、末筆ながら、本書の執筆に関し大いなる勇気をくださった、岩手県紫波町の藤原孝町長、震災の復興に奔走し私と紫波町を結びつけてくれた岡崎正信君、そして何よりそういった日本企業の素晴らしい伝統をもって経営され、有り難いことに一緒にビジネスをさせて頂いている(株)田清の田村清記社長と田村英司専務、そして何より日本を愛し、日本とのコラボレーションに全精力を傾けてくれている、Elemental Pizza のＣＥＯである James Allard 氏に改めて御礼を申し上げたいと思います。

また本書を担当して頂いた、東洋経済新報社の清末さんには本当にお世話になりました。私は何分筆が遅く、清末さんのご助力(激しいプッシュとしつこい、いや粘り強い働きかけ)なしに、本書が世に出ることはなかったことも申し上げておきたいと思います。

また、再び皆様とお目にかかれることを切に願って……

平成25年2月

まだまだ雪が降る岩手県紫波町にて

ぐっちー(山口正洋)

著者紹介

通称，ぐっちーさん．
1960年東京港区生まれ．慶應義塾大学経済学部卒業．丸紅を経て1986年よりモルガン・スタン レー，ＡＢＮアムロ，ベアー・スターンズなど欧米の金融機関を経て，ブティックの投資銀行を開設．Ｍ＆Ａから民事再生，地方再生まで幅広くディールをこなす一方で，「ぐっちーさん」のペンネームでブログを中心に活躍．2007年にはアルファブロガー・アワードを受賞．近著『なぜ日本経済は世界最強と言われるのか』は「泣ける経済書」として10万部を超えるベストセラーに．

ぐっちーさんの本当は凄い日本経済入門

2013年3月14日 発行

著　者　山《やま》口《ぐち》正《まさ》洋《ひろ》
発行者　山縣裕一郎
〒103-8345
発行所　東京都中央区日本橋本石町１-２-１　東洋経済新報社
電話 東洋経済コールセンター03(5605)7021
印刷・製本　藤原印刷

Printed in Japan　ISBN 978-4-492-39584-4　http://www.toyokeizai.net/